Axis, Symmetry in Architecture

Group Z

Tokai Education Research Institute, 2025

ISBN978-4-924523-51-7

図6｜建築と都市の軸・対称

図研究会

東海教育研究所

The book is the sixth title in the Zu (図 , geometry and graphics in Japanese) series.
In the previous titles, we discussed how geometry functions in architectural design and how it represents architecture. In this edition, we have curated pairs of examples focusing on "Axis and Symmetry" in architectures and cities.

As bodies of human beings, animals, and other forms of life, we are accommodated to the symmetrical composition of life. In architectural form such as jinja (Japanese traditional shrine), prefabricated houses, contemporary museums, etc., we have designed and discovered the enigma of axis and symmetry. This book will help us understand the wide range of projects at a glance, as a catalogue of axis and symmetry.

Axis and symmetry can also represent political and historical meaning, from Chang' an, the capital of Ancient China to the boulevards of Paris, and axial symmetry between islands of jinja and the constellation. From ancient times to today, human beings have designed architecture and cities with axis and symmetry as the standards for construction. These analogical connections sometimes occur beyond our expectations, spanning from ancient monument, via vista of modern urbanism, and contemporary architecture around the world.

Notably, the book is to be read vertically along the center line of axis. When you open the pages, you can find two pairs in every four consecutive pages (two double-page spreads). The selected pairs are compared and then discussed in terms of architectural design and history, cities, and meaning. The pairs are curated in terms of the similar scales and dimensions, which explicate analogical connection.

If you dedicate yourself to design, it will be helpful. Even if not, it will be joyful to find the secrets of design for the human being.

(photo: Kushiro City Museum)

目次

Table of Contents

はじめに————————————008————————————Introduction

01- 対と軸————————————012————————————Pair and Axis -01

02- 組立式住宅の対称性————————016————Symmetry of Prefabricated Houses -02

03- 対称の象徴性————————————020————————Symbolic Symmetry -03

04- ファサードの対称軸————————024————Symmetry Axis of Façade -04

05-4 面対称（室内）————————————028————4-Sided Symmetry (Interior) -05

06-4 面対称（外観）————————————032————4-Sided Symmetry (Appearance) -06

07- ロングハウス————————————036————————Longhouse -07

08- 軸線の先————————————040————————End of Axis -08

09- 学校の軸————————————044————————School Axis -09

10- 正面性————————————048————————Frontality -10

11- 軸線と対称軸のズレ————————052————Misalignment between Axis and Symmetry Axis -11

12- 消失点————————————056————————Vanishing Point -12

13- ファサードの歪み————————060————Façade Distortion -13

14- 王冠型ファサード————————064————Crowned Façade -14

15- 交差点から見たファサード————068————Façade from Intersection -15

16- 幾何学の挿入	072	Geometry Insertion -16
17- 垂直軸	076	Vertical Axis -17
18- 双塔	080	Twin Towers -18
19- 劇場の軸	084	Theater Axis -19
20- 視覚の軸線	088	Axis of Vision -20
21- 軸線の虚実	092	Literal and Phenomenal Axes -21
22- 空間軸	096	Spatial Axes -22
23- 寺院遺跡の形式	100	Forms of Temple Ruins -23
24- 階段による参道軸	104	Axis of Approach by Stairs -24
25- 太陽軸	108	Axes for Solstice and Equinox -25
26- スカイラインの対称性	112	Skyline Symmetry -26
27- 宮殿と庭園の軸	116	Axis of Palace and Garden -27
28- パリの都市軸	120	Urban Axis of Paris -28
29- 都市計画の軸	124	Axis of Urban Planning -29
おわりに	128	Afterword
作品リスト	132	List of Works

はじめに

Introduction

カレイやヒラメ、シオマネキの雄のような例外はあるが、ヒトを含めて私たちに身近な動物の多くは、外見上おおよそ左右対称だ。植物も枝に対して葉の付き方が左右交互（互生）か対（対生）かと、左右の状況で判定する。左右対称のものは脳が視覚情報処理をしやすくヒトに好まれる傾向にあると言われたりするが、いずれにしろ安定を感じ安心感を与えるようだ。

性格検査の代表的な方法にロールシャッハテストがある。インクを垂らした紙を二つ折りにして作られた不定形で左右対称な図版を、被験者が何に見えるかを回答するものだ。何かを表象する幾何学図形とは異なる偶然の図像ではあるのだが、左右対称であることによって被験者の無意識なイメージを喚起する。明瞭な形態でなくても左右対称なものの視覚情報は、脳に何らかのイメージを見せるということか。

七堂伽藍の伽藍配置は、頭から胴・股間の軸線に法堂・仏殿・山門が並び、左右対称に両腕と両足にあたる庫裏・僧堂・浴室・東司が配される人体図を下敷きにしているとも言われる。また七堂伽藍をベースにした寝殿造りも、それぞれに多少のアレンジがあったりするが、基本的に中心の寝殿に対して渡殿・対屋などが左右対称に配置された。

実際には体内の臓器の配置などは非対称なのに、外観だけ対称形にするのは、やはり視覚的な問題な

図1　瑞龍寺の伽藍

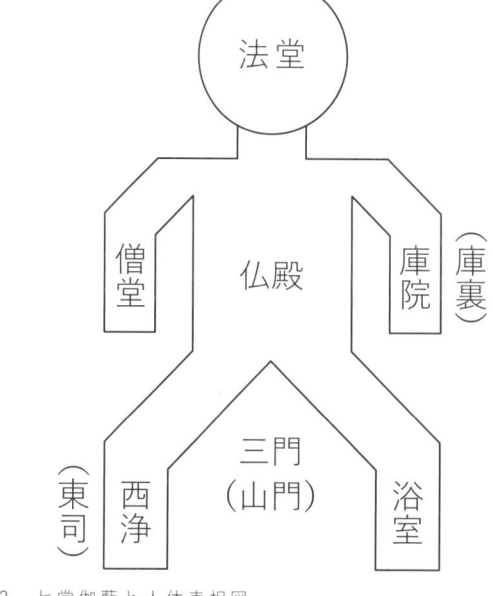

図2　七堂伽藍と人体表相図

のだろうか。伽藍配置も配置は対称だが、左右の庫裏・僧堂の機能は別々だ。

　完全な左右対称のシルエットのパルテノン神殿も、ペディメントの彫刻は左右対称ではない。劇場や音楽のホールも左右対称のものが多いが、その舞台に乗るオーケストラは、下手側に高音部、上手側に低音部と左右非対称に並ぶ。橋掛りのある能舞台はそもそも左右非対称だ。本舞台を観る見所も正面、中正面、脇正面と非対称に配置される。歌舞伎などの芝居小屋でも常設の本花道は下手側に設置されて左右対称を崩している。芸術・芸能においては脳の情報処理を複雑にして、安心感より高揚感を与えるようにしていると言えるのだろうか。最近の音楽ホールは「ミューザ川崎シンフォニーホール」（2003年）や「フィルハーモニー・ド・パリ」（2015年）のような非対称なホールも造られている。

　左右対称の臓器である脳も、その働き・機能は左右に違いがある。その違いは左右の手や足の利き手・利き足にどう影響するのだろうか。耳も、左耳が高音域、右耳が低音域に感度が好いという説もある。オーケストラの楽器配置もそのことに影響されているのだろうか。
　左利きの人は左手からの神経信号に対応する右脳に刺激が多いので直感的思考が優先して芸術的であるという話も聞く。逆に右脳が発達しているから芸術性に優れると同時に左手が器用になるのだとも言われたりする。では、右利きの人は論理的思考が優れているのだろうか。必ずしもそうだとは思えない気がする。

　古代中国の隋唐長安城は、秦嶺終南山の石鼈谷から真北に直進した先の、広大な敷地を確保できる龍首原と称される丘陵地帯に、石鼈谷に正面を向けて宮城を置いた。北極星を意味するこの位置は蓋天説

図3　長安の軸線

の円い天の中心と四角い地の中心の交差する点を示し、皇帝の権威を示した。天空の秩序を地上に投影させ、皇帝は天からの命を受けて地上を統治する。また宮城中心から石鼈谷に向けて承天門・朱雀門・明徳門と続く大街路は天の子午線と対応して、天からの授命を確認する王朝儀礼の軸線となった[1,2]。

左右対称な碁盤目状の条坊制の都市には、北の宮城から南の都市の城門に至る朱雀大街や朱雀大路という大通りが中心軸・対称軸として存在する。都市は碁盤目状のものの他に、モニュメントを配した中心から放射状に多軸を広げる構造をもつものもある。従って軸線に左右対称は必要条件というわけではない。この軸線には王が通り、王への献上物が通り、神が通り、太陽や星が通るというように、他の通りとは異なる特別な意味が付与される。

八方からシンボルへ、城門から宮城へ、ここからそこへのルートが軸線となるが、こことそこだけでは軸線とはならない。そこに示されるルートは、広い空地である大街路のような全体が目に見えるように現れているものもあるが、ルートが空中を飛んでいるかのように地上にその姿を現さないものもある。またルートすべては見えずに複数の点が存在しその連鎖により存在しない経路を想像させるものや、ここからそこのさらにはるか先を指し示すようなものなどもある。中心や指し示す先のある軸線はそこにヒエラルキーが存在するが、こことそこが同

列で序列の無いものもある。

隋唐長安と同様に周礼を基に築かれた北京の城郭は、中央の紫禁城（故宮博物院）に向かって南の永定門から正陽門・天安門へとまっすぐ軸線が続き、紫禁城を超えて北に治安門・鼓楼鐘楼を通って城壁まで到達する。この城壁内の軸線は、さらに城壁の外へ北に延伸され、その軸線の周辺に北京オリン

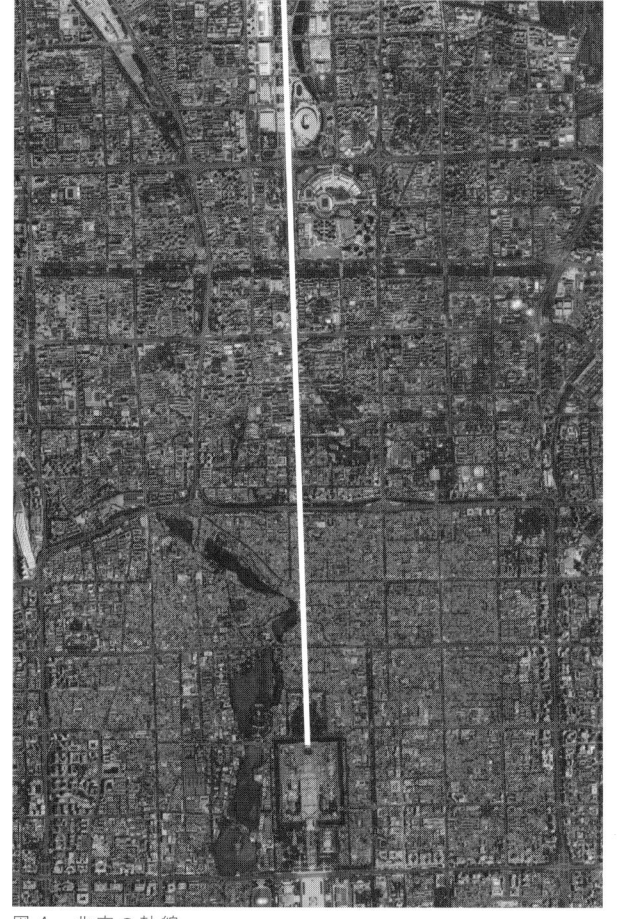

図4　北京の軸線

ピックのさまざまな施設が建てられた。

ヴィンフリート・ネルディンガー著『建築・権力・記憶』には

"軸線、シンメトリー、記念碑性は、古代より権力と支配を表現するための、あるいは全体を統括する大きな構造に個々の要素を従属させる場合の建築的な手段であった。(中略)ものと人間がシステムに屈する、つまり左右対称に配置されるとき、理性は即座に彼らを扱うことができるようになる。それゆえ、専制政治も社会主義も左右対称の社会構造を好む傾向をとりわけ強くもっている"[*3]

と書かれている。また、

"記念碑的形態、軸線、シンメトリーを解消する重要なきっかけを与えたのが、フランク・ロイド・ライトの「有機的建築」と、オランダのデ・スティルである。(中略)一九二二年にテオ・ファン・ドゥースブルフは、「新しい建築は、シンメトリーの軸線を完全に破壊することで、前後左右、ときには上下も同等にした。何ひとつとして他を支配するものはない」と述べている。"[*4]

ともある。

山や川など自然が作り出す景観には左右対称やまっすぐな軸線が現れることは稀だ。そんな対称や軸線とは無縁な土地の上に軸線を引き左右対称に配置をする都市を築く人間の営みとはなんなのだろうか。左右対称と軸線の計画は、解り易さ、象徴性、拡張性などを造ることができる。

建物の顔(ファサード)を左右対称に造ったり、あるいは意図的に対称を崩したりする目的はなんだろうか。動物の左右対称の外形が非対称の体内を包み込んでいるように、左右対称の外形の都市に非対称の人間の営みを内包させるという比喩なのだろうか。

*1 妹尾達彦『長安の都市計画』, 講談社, 2001, 講談社選書メチエ 223
*2 村元健一『前期難波宮の南方空間』, 大阪歴史博物館研究紀要第 13 号, pp.11-24. 2015, https://doi.org/10.34570/omhbull.13.0_11
*3 ヴィンフリート・ネルディンガー『建築・権力・記憶:ナチズムとその周辺』海老澤模奈人訳, 鹿島出版会, pp.045-046, 2009
*4 Ibid, p.053

01 対と軸

Pair and Axis

伊勢神宮（正宮　皇大神宮）

20年に一度の式年遷宮で建て替えられる祠は、檜素木丸田の掘立柱の間を、同じく檜素木の板で囲った、切妻・平入で高床・茅葺の神明造。平（幅）方向に4列、妻（奥行）方向に3列の計12本の柱の外に、一対の棟持柱が立つ。破風板が屋根を突き抜けて千木となり、棟の上に鰹木が乗る。平方向の柱間は1丈2尺3寸（3.73m）の3スパンで3丈6尺9寸（11.18m）、妻方向は柱間が9尺（2.73m）の2スパンで1丈8尺（5.45m）。平3スパンの中央に扉があり、その手前に高床に上る階段が付き、建物は左右対称。さらに南向きの内

Ise Jingu (Shogu Kotaijingu)

宮社殿は北側に左右一対の東宝殿・西宝殿が配され、瑞垣の内側も左右対称に造られている。なお遷宮のための隣の敷地との関係も左右対称に見えるが、微妙に前後関係がずれていて完全な左右対称ではなく、合同の関係。境内は森の中を皇大神宮の北から東を回るようにアプローチして軸線はない。内宮は桁の上に梁を乗せた京呂組で鰹木10本なのに対して、同じ形の外宮（豊受大神宮）は梁の上に桁が乗る折置組で鰹木は9本。

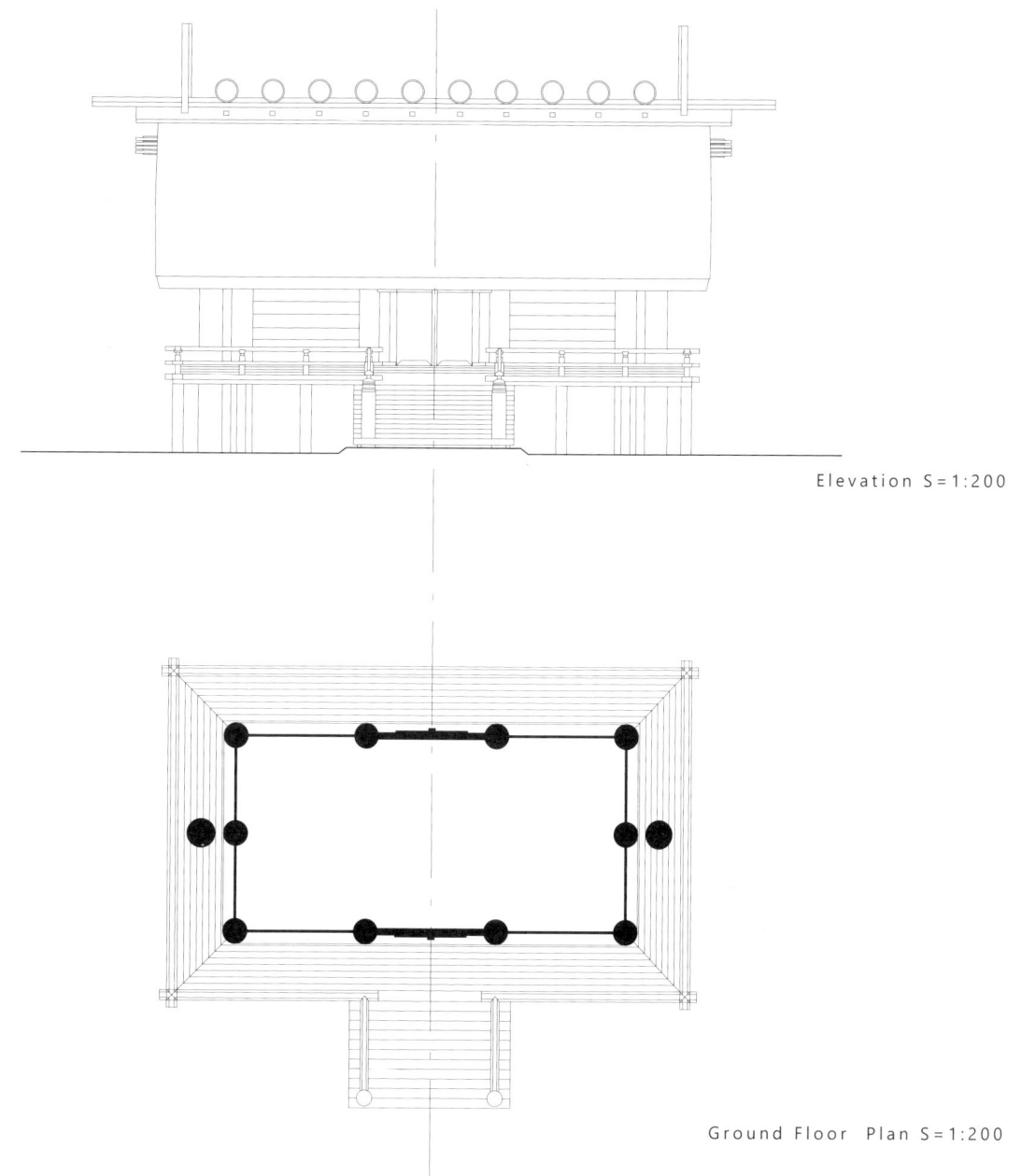

Elevation S=1:200

Ground Floor Plan S=1:200

Site Plan S=1:1000

Ground Floor Plan S=1:200

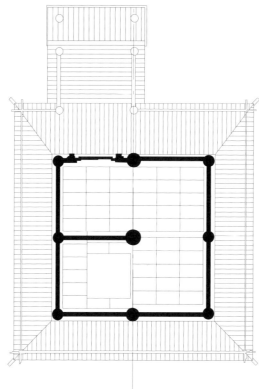

Elevation S=1:200

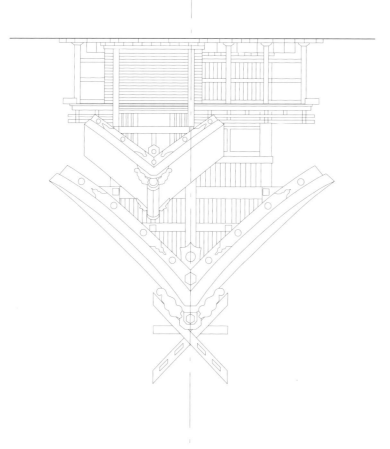

Site Plan S=1:1000

出雲大社（御本殿）

凡そ60年ごとの御遷宮で御修造が行われる大社造。高床で檜皮葺切妻の妻入りで、鰹木は3本、伊勢神宮とは異なって千木は破風板とは別に檜皮葺の屋根の上に載っている。10.9m四方の平面を3×3の9本柱で支え、入口の扉は正面中央の宇豆柱を避けて右の柱間に開けられ、その扉に上る階段も含めて対称を崩している。また内部中心の心御柱と右の側柱の間に壁を設けて扉からの死角を作って、その裏を御神

Izumo Taisha (Gohonden)

座としているので、内部空間も対称が崩れている。3スパンの中央に階段が付く左右対称な伊勢神宮に対して、出雲大社は構造的には対称だが空間では対称が崩れている。翻って御本殿の外では、勢溜から大鳥居、松の参道の鳥居から松の参道、そして拝殿、八足門、楼門、御本殿とほぼ一直線に並んで明確な軸線が造られている。4列に植えられた松並木が軸線を強調している。

02 組立式住宅の対称性

BLPS 週末住居

この建物は、建築家のジェーヌ・ボードワン（B）、マルセル・ロッズ（L）、ジャン・プルーヴェ（P）、ストラスブール製鋼（S）が共同開発し、1939年にパリの住宅展示会に試作品として発表した鋼鉄製の組立式住宅である。建物を構成する部材は、3種類の外壁用パネル×2枚、屋根用パネル×2枚、床用パネル×2枚、さらに3種の可動式家具×2個、2つの設備ブースと1枚の可動式テーブル棚、からなる。約3×3mの小

Symmetry of Prefabricated Houses

Maison démontable en ancier B. L. P. S.

さな建築であるが、ほぼ対称性の切妻形態、及び対称形プランとすることで、部材の種類を半分に減らし、生産性の合理化と施工の簡素化を目指している。パネルは厚さ50mmの断熱サンドイッチ薄鋼板パネルで、パネル自身が建物の構造と断熱性の双方を受けもっているため、パネル相互のメス型のジョイント部に長尺ゴムが使われている。

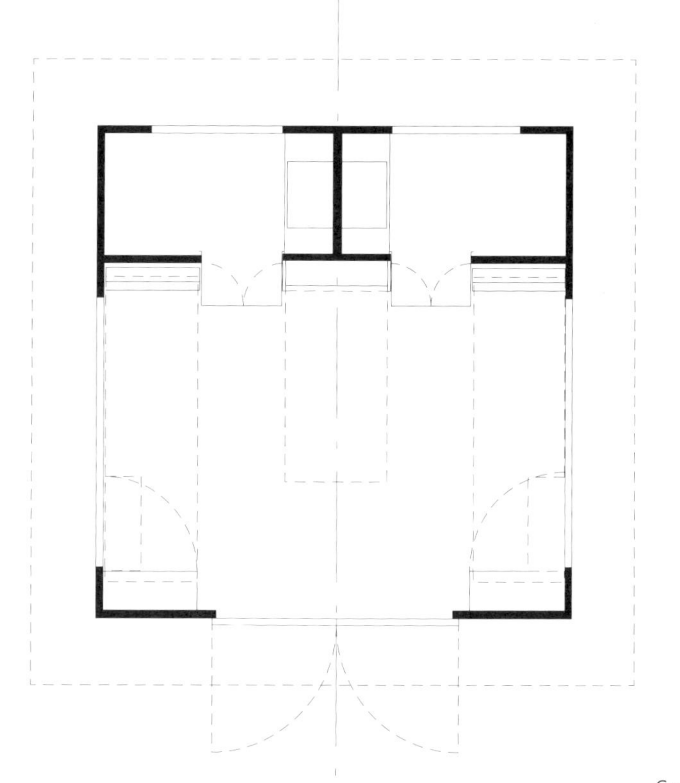

Ground Floor Plan S=1:50

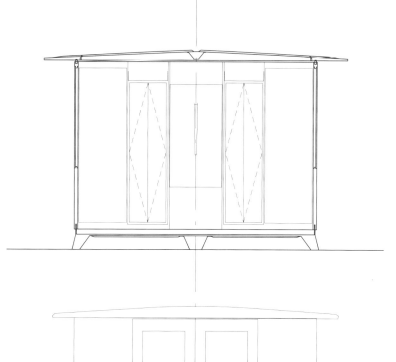

Section S=1:50

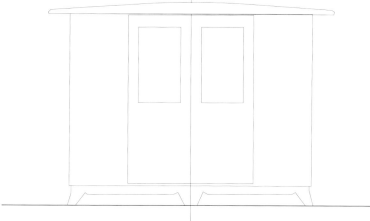

Elevation S=1:50

BCC 組立住宅

この建物は、第二次世界大戦中のフランスで労働者住宅とし
て量産開発された 8 × 8 ｍの木造組立式住宅である。アト
リエ・ジャン・プルーヴェでは、すでに鋼鉄製の中央柱（＝
センター・ポルティーク）構造の同モデルを開発し特許を得
ていたが、戦中の鉄不足から木製の部材に置き換えたモデル
を製作することになった。実際に南フランスを中心とする各

BCC Demountable House

地で組立・施工がなされ、いくつかの建物は内外装のリノベー
ションを繰り返しつつ今なお現存している。建物を構成する
各部材のパーツの寸法及び重量は、運搬と施工の容易さを考
慮して作られている。さらに棟を軸とするほぼ対称形の架構
形状とすることで、工場製作の簡素化と現場施工の合理化を
図っている。

Ground Floor Plan S=1:50

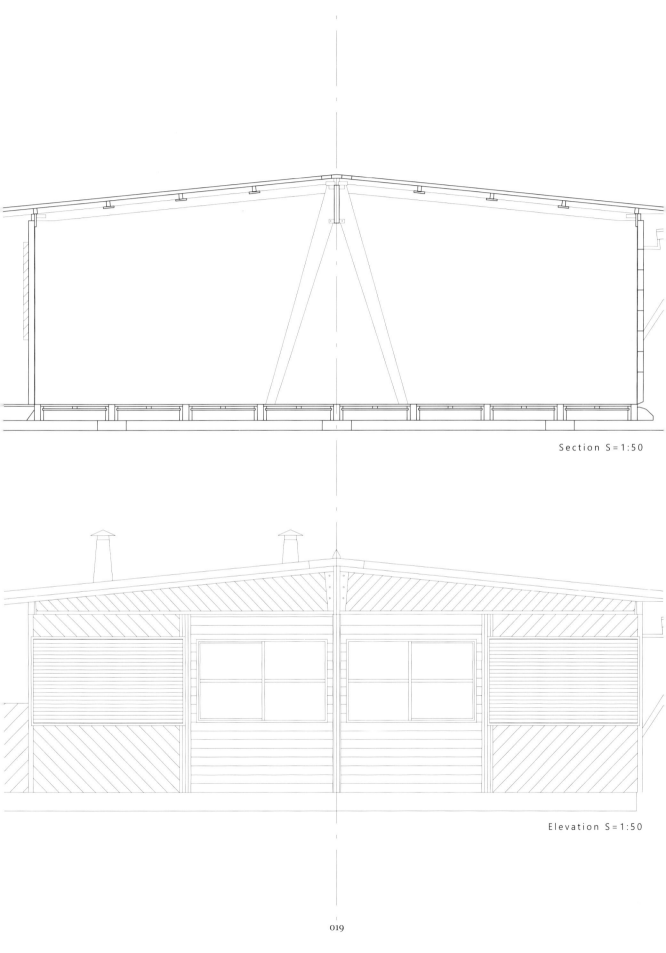

Section S=1:50

Elevation S=1:50

03 対称の象徴性

Symbolic Symmetry

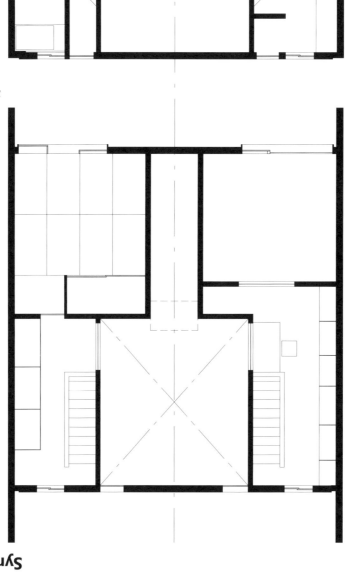

2nd Floor Plan S=1:100

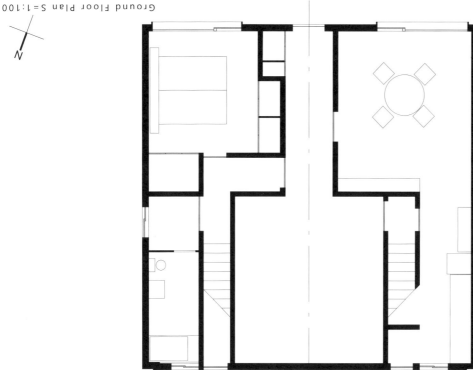

Ground Floor Plan S=1:100

Elevaition S=1:100

篠さんの家

Shino House

篠原一男の第2様式の住宅。9.1m × 9.2m のほぼ正方形平面に切妻の乗った外形で、南壁面中心の平入。玄関から続く幅1.5m長さ4.6mの吹き抜けの先の北側中央にある4.4m × 4.6mのほぼ正方形の吹き抜けの空洞が、内部を東西に対称に分割している。開口の位置など多少対称を崩す要素もあるが、扉は壁と同面同色で処理され、空洞の対称性に対する影響を最小限にしている。また上階の左右の部屋に設けられた同型の開口部が空洞の対称性を強調している。分割された西側に居間・食堂があり、ほぼ正方形の広間と名付けられた空洞には使用としての機能が付加されていない。設計者の言葉に倣うなら「無駄な空間」であり、それこそが「生活のコアー（核）」である。対称性や身体スケールを逸脱したサイズ・プロポーションなどによる、純粋に象徴的な空洞である。

坂田山附の家

坂本一成の典型的な家形の住宅。妻側中央の玄関とその上の2階の窓が切妻のプロポーションとともに左右対称を示しつつも、1階浴室の正方形の窓が北側だけに設けられて微妙に対称を崩している。玄関を入ると階段手前の間室（エントランス）の左右対称に設けられた開口部が奥まっていて、左右の室の存在を明示している。さらに正面階段の先の2階の窓が中央にあり、切妻なりの2階の天井とともに対称を構成しつつも、階段の左右の壁の高さが異なって、ここでも微妙に

House in Sakatayamatsuke

対称が崩される。階段は間室の幅よりわずかに狭められて、中心を貫きながらも象徴性を消している。また階段の先に広がる主室東部（居間）は、切妻天井の端部の高さが1.5mに抑えられ、繋ぎ梁の高さも相まって身体的なスケールになっている。構成は篠さんの家と似てコアーを設計しているが、象徴性を帯びないような微妙な調整が細部にわたって行われている。

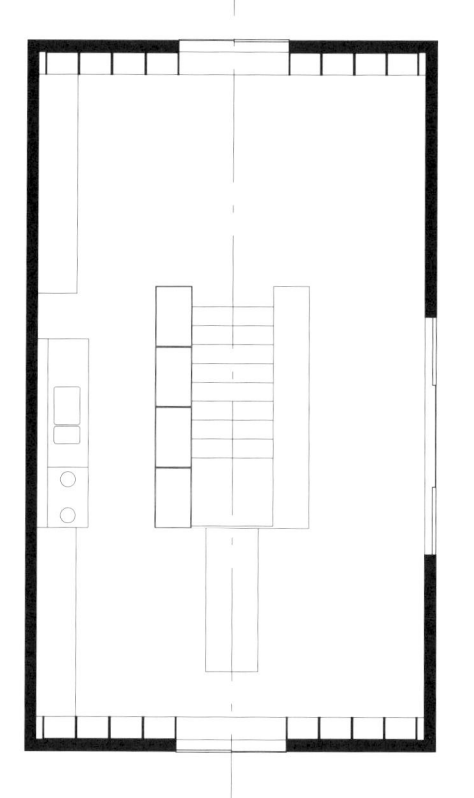

2nd Floor Plan S=1:100

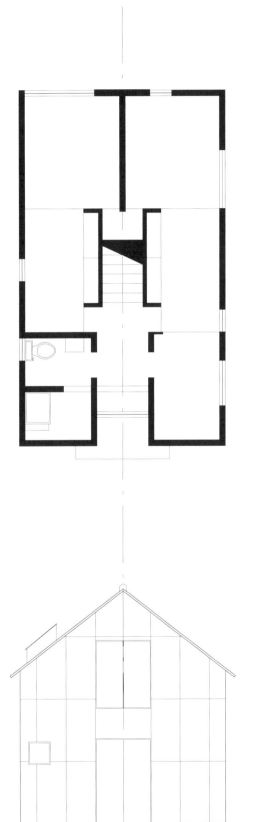

Ground Floor Plan S=1:100

Elevaition S=1:100

04 ファサードの対称軸

Symmetry Axis of Façade

ミュラー邸

建築家アドルフ・ロースの晩年の住宅である。チェコ・プラハ市内の小高い丘に建てられ、街路側から下がったところに正面入口がある。外観はフラットなしっくい仕上げであり、正面ファサードは、左に50cmほどセットバックした幅1mのふかしが設けられ、窓のある幅11.5m、高さ13mの長方形の対称性が整えられる。正面入口は2つの開口部があり右

Villa Müller

側がエントランスとなっており、中に入りホワイエの暖炉裏側の階段から上階のサロンへアクセスする。サロンの緑灰色のチッポリーノ大理石が貼られた柱と階段は、上階の食事室、婦人室を区切るレイヤーとなり、建物平面の対称軸上に位置する構造上必要な壁と柱を後景化している。

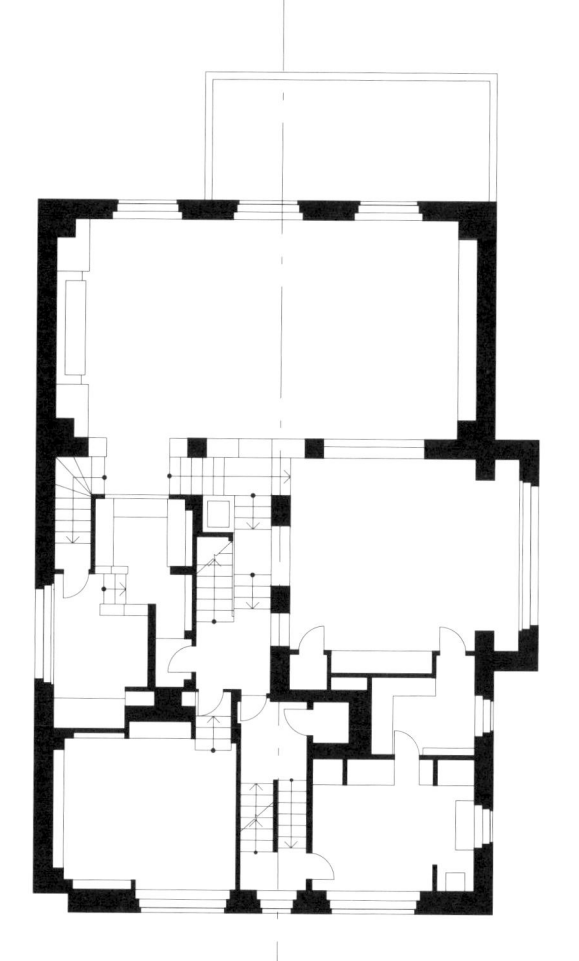

3rd Floor Plan S=1:200

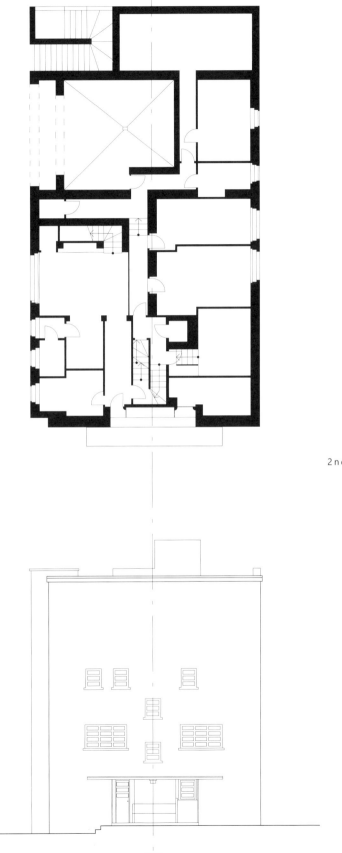

2nd Floor Plan S=1:200

Elevaition S=1:200

トリスタン・ツァラ邸

ロースによって設計されたパリ・モンマルトルの丘に位置するルーマニア出身の詩人トリスタン・ツァラのためのアパルトマンである。「ミュラー邸」がヴィラとして独立した佇まいをもつとするなら、「ツァラ邸」は両側のアパルトマンに挟まれた都市型住宅（パラッツォ）となっている。前面道路

Maison de Tristan Tzara

に面した北側ファサードには、台形型にうがたれた入口が左右に2つある。ほとんど同じに見える2つの入口は、右がメインエントランスとなっており、入口を入ってすぐの階段を登ると外から見える2階テラスを通ることなく3階へと至る。

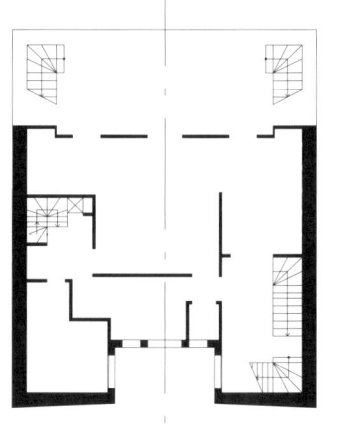

5th Floor Plan S=1:250

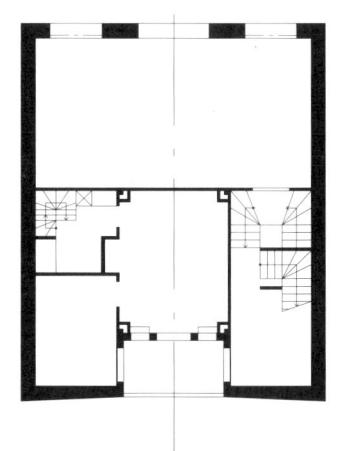

4th Floor Plan S=1:250

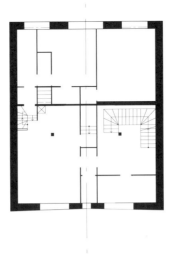

3rd Floor Plan S=1:250

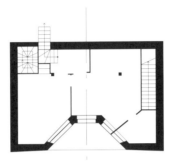

2nd Floor Plan S=1:250

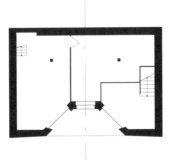

Ground Floor Plan S=1:250

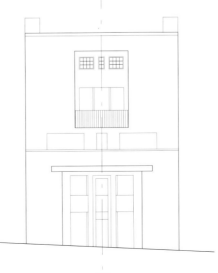

Elevaition S=1:250

05 4面対称（室内）

4-Sided Symmetry (Interior)

ヴィトゲンシュタイン邸（ストンボロー邸）

哲学者ルートヴィヒ・ウィトゲンシュタインが、アドルフ・ロースの弟子であった建築家パウル・エンゲルマンとともに、設計した住宅である。ロースと交流のあったウィトゲンシュタインは、すでにエンゲルマンが固めていた姉マルガリータ・ストロンボウ・ウィトゲンシュタインのための家の基本設計に積極的に介入し、窓や内部の厳格な対称性に基づく設計変更を行った。入口のホワイエの右に位置するサロンと呼ばれ

Haus Wittgenstein (Stonborough House)

る室に入ると、正面に高さ4m×幅2mの3つの大きな扉がある。ボリューム全体とファサードの各面の対称的な配置を行ったロースに対し、ウィトゲンシュタインは展開図における対称性に固執し、窓のサッシや扉の取手、ラジエーターまでもデザインした。室内の展開図的対称性を強調することで、哲学者の幾何学的執念が表われている。

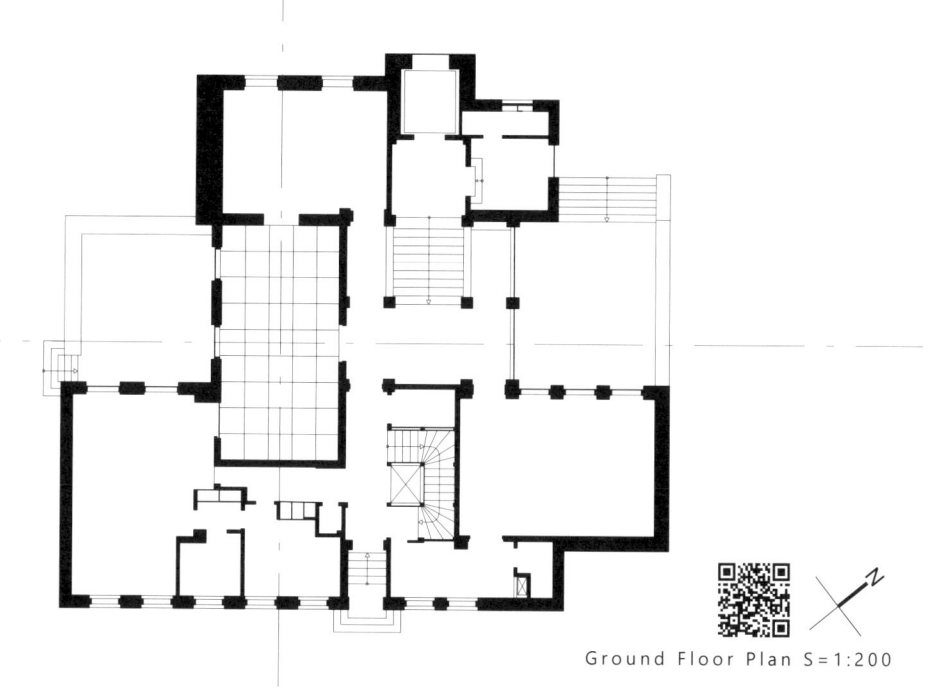

Ground Floor Plan S=1:200

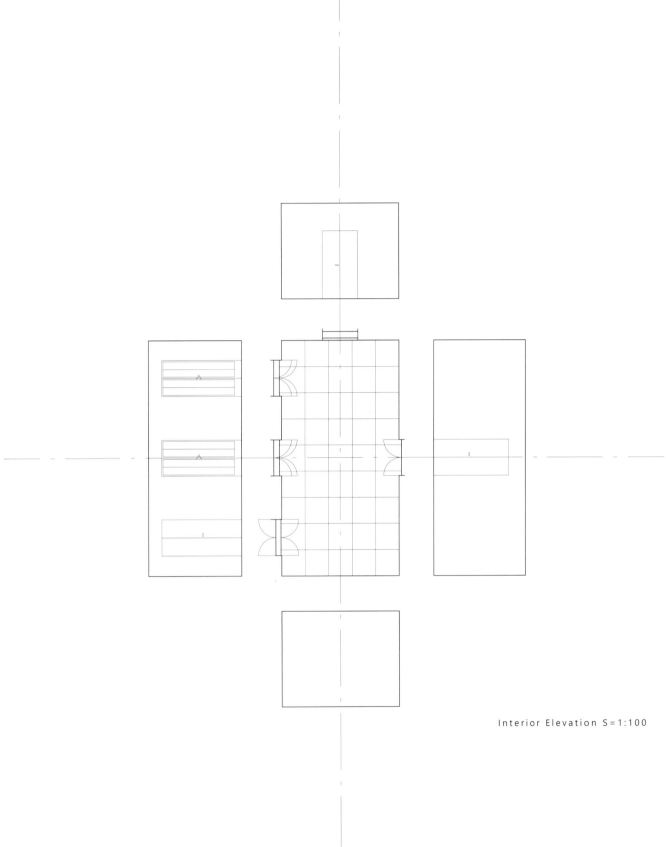

Interior Elevation S=1:100

マラパルテ邸

ゴダール監督の映画『軽蔑』のロケ地として有名なこの住宅は、建築家アダルベルト・リベラの基本設計を経て、施工業者とともに施主クルツィオ・マラパルテによって建設された。イタリア・カプリ島の突き出た細長い崖地に突き出た住宅は、外階段から屋上テラスと至るシークエンスの終点にある水平線が特徴的である。『軽蔑』のラストシーンとして映された主室部分は、どれも高さが2.4mで、幅がそれぞれ2.5 m、3.5

Casa Malaparte

m、4.3 mという3種の窓をもつ。8.2m × 15.5mの広間の中心軸は微妙にずらされており、暖炉や長椅子を中心において、ゆるやかな対称性のもとに配置されている。当初のリベラの案の厳格な対称性と異なって、マラパルテ邸と施工業者により、眺望を意識したピクチャーウィンドウが優先されたのだろう。ストンボロー邸の厳格な各室と比べ、ゆらぎをもった対称性が作り出された広間となっている。

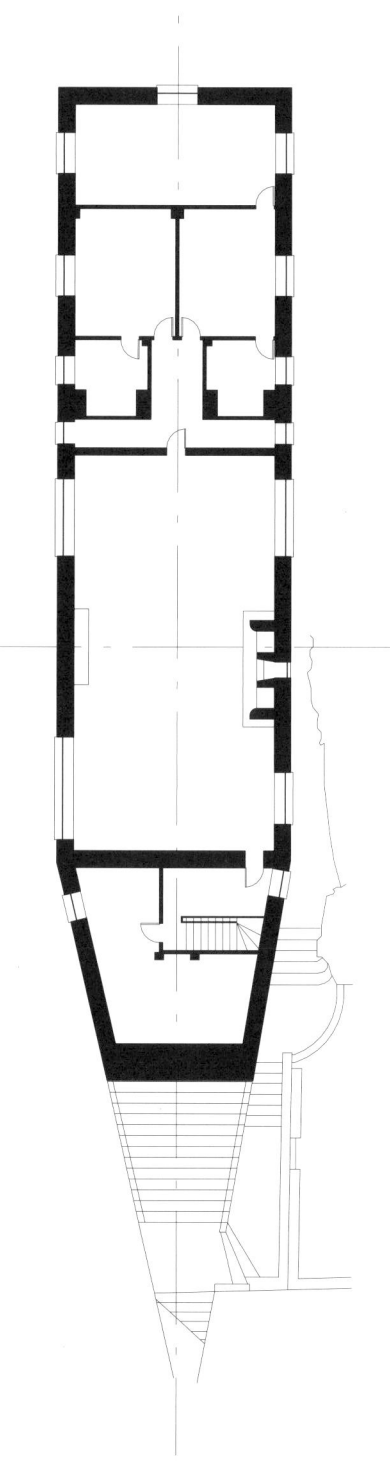

2nd Floor Plan S=1:300

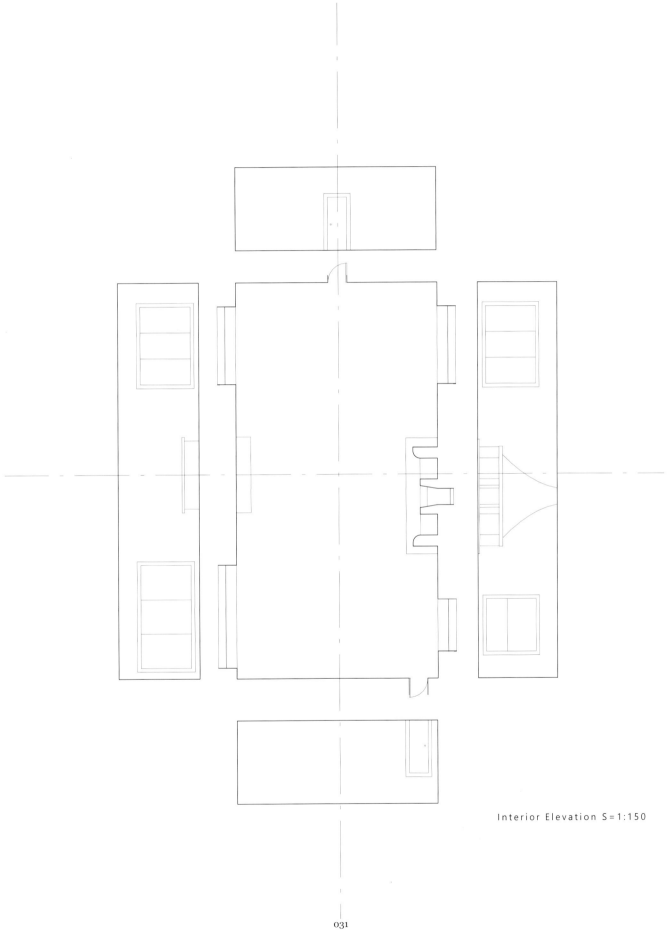

Interior Elevation S=1:150

06 4面対称（外観）

4-Sided Symmetry (Appearance)

Site Plan S=1:3000

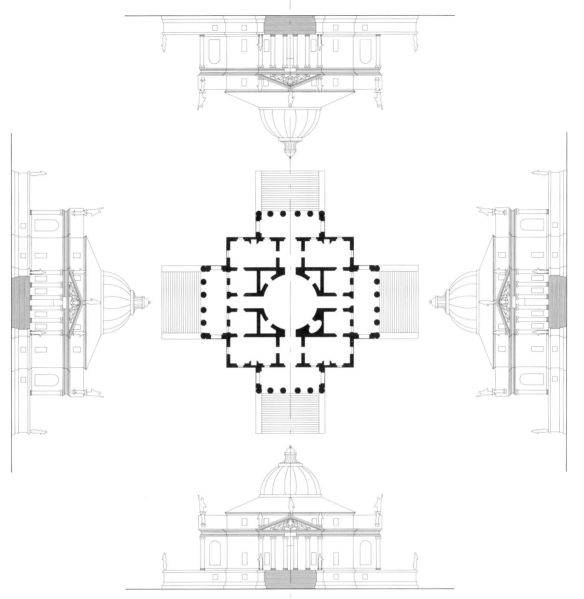

Floor plan, Elevation S=1:600

ヴィラ・アルメリコ・カプラ（ラ・ロトンダ）

イタリア・ヴィチェンツァ都市部近郊にあるパラーディオの代表作であり、納屋（バルケッサ）を持たない、四面の同じファサードをもつ構成である。『建築四書』では「都市住宅」の項目に分類され、外形を重視していたことが伺える。一辺21mの正方形平面に収まる矩形の対角線が、東西南北とほぼ一致しており、北西側のファサードが門からのアプローチとなる。どのポルティコも同じ形をしており、どこからも

Villa Almerico-Capra (Villa La Rotonda)

アクセス可能であるが、東西方向のホワイエの幅が2mで、南北方向のホワイエの幅が3.6mと建物に入った際のスケールの印象が大きく異なる。ここから、中央に配された直径9mの円形のホールに入ると、描かれた壁画と相俟って、地上の方位が撹乱される。天窓の穿たれたドームは、古代世界の天空へと向かう軸を想起させ、地上の方位を無化してしまうのだ。

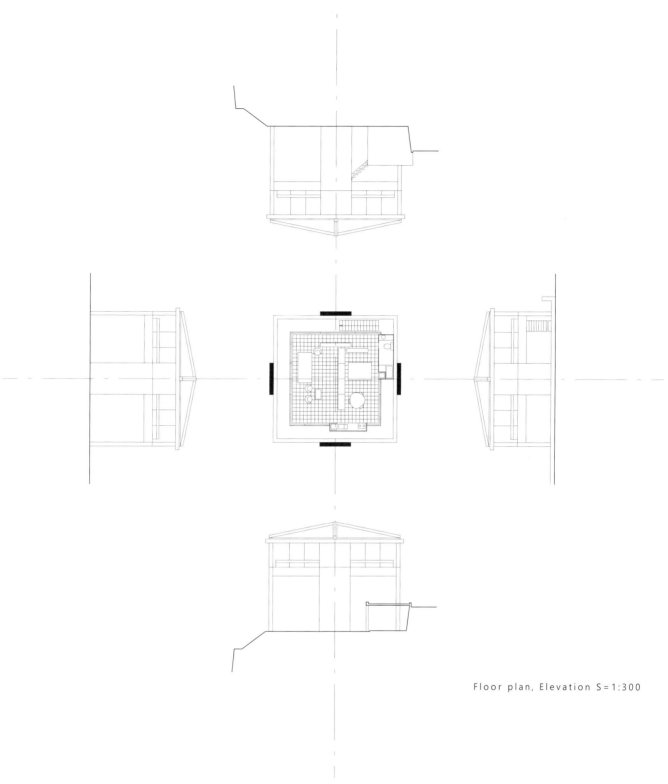

Floor plan, Elevation S=1:300

スカイハウス

東京都文京区に位置する、建築家・菊竹清訓の自邸であり、建築運動メタボリズムを象徴するものとして知られる。一辺10mの正方形スラブが、幅2.5m・厚さ30cmの同型の4つの壁柱に支えられ、擁壁によって小高く突き出た敷地の上に浮かぶ。当初一辺7.5mの正方形平面のワンルームしかもたないこの住宅は、メタボリズムの理念である新陳代謝を象徴するように、家族の生活の変化とともに増改築が行われた。小高い丘の上に建てられた「ヴィラ・ロトンダ」と似て、正方形平面の対角線がおおよそ東西南北に等しい。ほとんど同じ4面をもつことで方位を司るこれらの住宅は、古来の阿弥陀堂や浄土堂といった対称性の高い持仏堂といった日本の対称性の高い寺院建築をも彷彿させる。

Sky House

07 ロングハウス

Longhouse

粟津邸

建築家・原広司による対称性の高い「反射性住居」シリーズの最初のもので、斜面地に建てられた 6 m × 38.5m の縦長の家である。西側に設けられた3階部分のエントランスからアクセスし、T形の内部をもつ上階（3階）を経て、主室となる下階のアトリエへと下降する。細長い矩形の建物の長辺

Awazu House

方向を軸とし、諸室を入れ子のように配置し、スカイライトによる採光がなされる主動線となる。〈内核〉は、砂漠の住居を参照するように、換気塔の原理で上から下へと空気が流れ、残響時間を短くするという環境的な工夫がなされている。この構成は、建築家自身の自邸である「原邸」へと反復された。

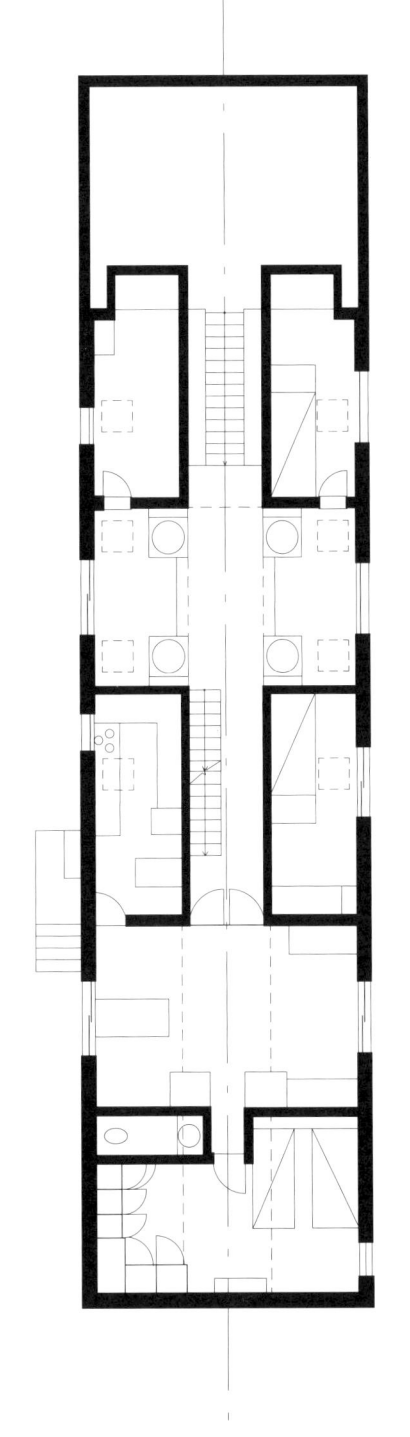

Ground Floor Plan S=1:150

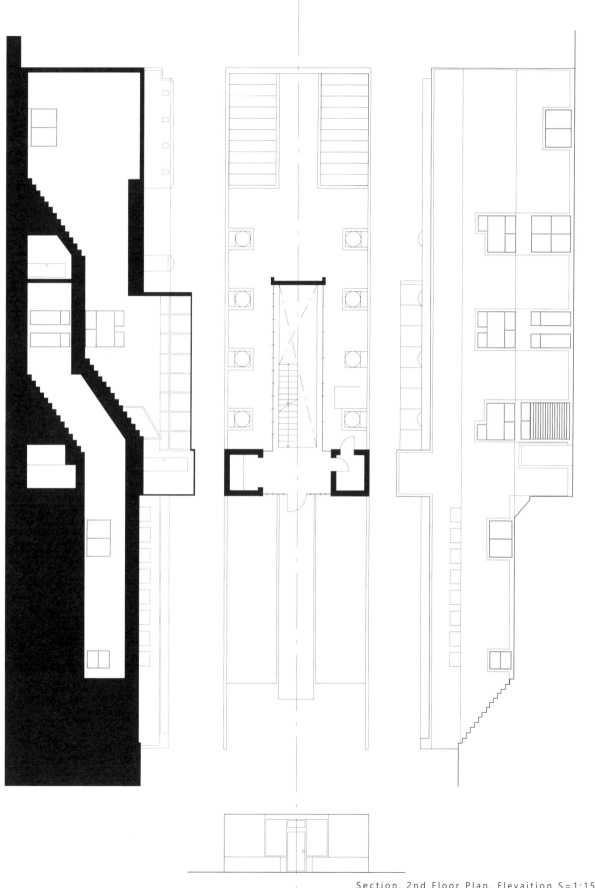

Section, 2nd Floor Plan, Elevaition S=1:150

Haus-012

住宅における対称性・軸性を追究する建築家・大室佑介の「母の家」である。敷地は東京都の住宅地であり、高齢になった自身の母のために敷地を分割し、自身の実家を設計した。3.6ｍ×10.5ｍの細長い平面をもち、母親が主に過ごす１階に窓のある土間と前庭をもうけることで、近隣と共有できる場をつくっている。２階と屋根裏は、対称性の強い間取りとなっ

ており、来客や孫たちが過ごす場所となる。この屋根裏は、１階を中心とした生活では神棚のように休眠していると同時に、ふと見上げたときに、吹き抜けから見える室から、家の軸と外形が意識される。住宅の対称的なファサードと軸線の奥行きは、道祖神のように、自律的な幾何学をなにげない日常のｎ中に導入する。

3rd Floor Plan S=1:150

2nd Floor Plan S=1:150

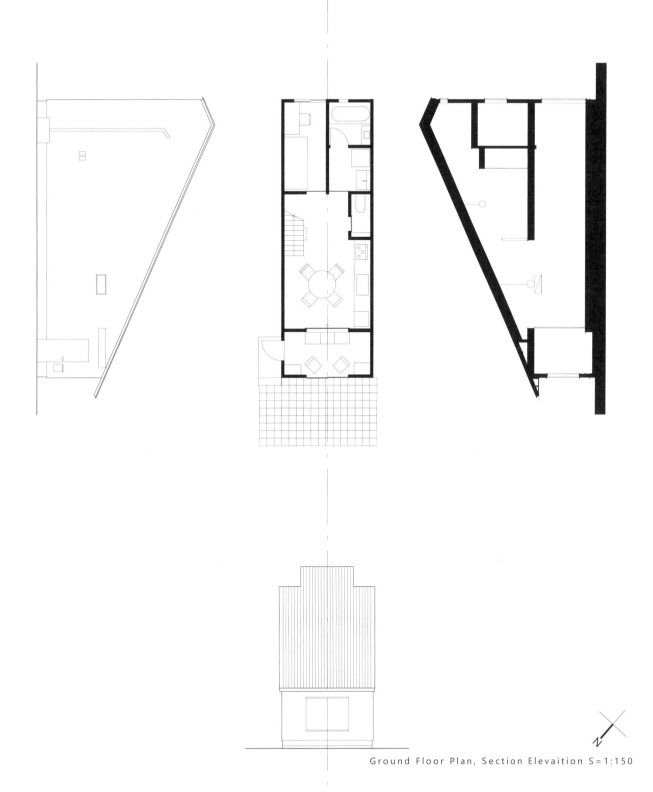

Ground Floor Plan, Section Elevaition S=1:150

08 軸線の先

End of Axis

西脇市岡之山美術館

デザイナー・横尾忠則の作品のために、兵庫県・西脇市に位置する磯崎新によって設計された美術館である。幅6m、長さ60mの細長い平面をもち、列柱のあるエントランスポーチを抜け、ホワイエの階段からアクセスする。「日本のへそ」と呼ばれる東経135度北緯35度付近の公園と一体となって計画され、高架に面した川べりの平地に位置しており、周辺コンテクストがほとんどない中で既存の土木構造物を参照し

Okanoyama Museum of Art Nishiwaki

た軸線がみてとれる。北側の高架に相対して、建物の中心軸は、既存の高架に附設された直径4mの螺旋階段の中心へと向けられているのだ。この躯体が作り出した軸の西にピラミッドとスロープ、東に別棟と外階段、南面に正三角形の階段室が設けられ、美術館が象徴的かつ人工的な「方域」が完成する。

Site Plan S=1:1000

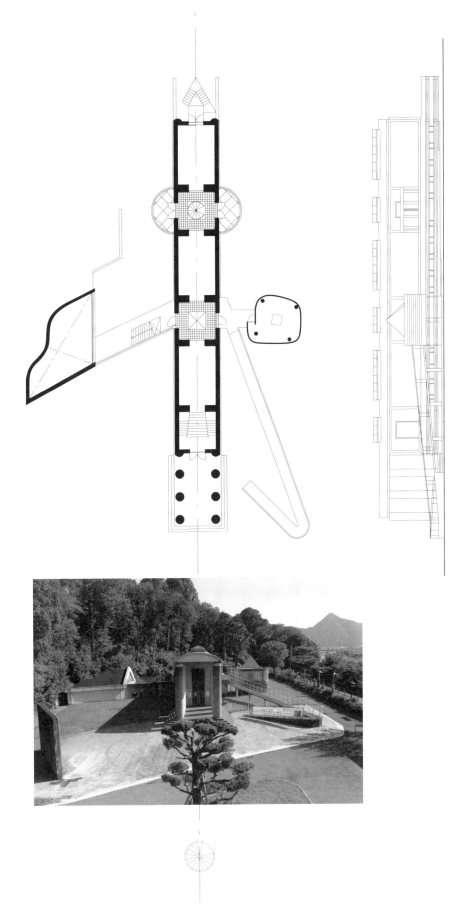

Ground Floor Plan, Elevaition S=1:500

ヴァッシヴィエール島の国際芸術景観センター

アルド・ロッシによって設計された幅 10 m、長さ約 72 m の細長いミュージアムである。フランス中部・リムーザン地域圏に位置する人工湖の島に建てられ、もとは尾根であった部分の法線方向に段状に躯体が置かれる。エントランスのある躯体頂部から 5 m ほど離されて、底面直径 12m の円錐台の展望台が軸線上に配され、ダムに向かって眺望が開ける。

Centre International d'Art et du Paysage de Vassivière

斜面地に置かれた建物の周囲には、ランドスケープアートが配されている。川べりの平地に建てられ、既存のありふれた土木的なコンテクストを地形として拾った「西脇市岡之山美術館」と同様、ほとんどコンテクストのない場所に、軸線を周辺環境に参入させて、象徴的な意味をもたせている。

Axonometric Plan S=1:2000

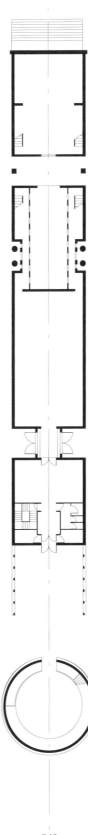

Ground Floor Plan S=1:500

09 学校の軸

School Axis

Ground Floor plan S=1:1000

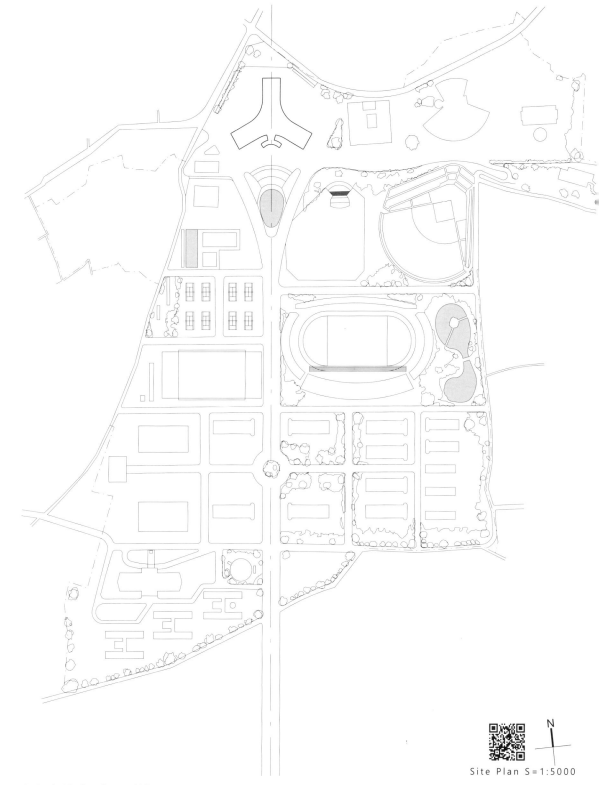

Site Plan S=1:5000

東海大学湘南校舎（1号館）　　Tokai University Shonan Campus (Building No.1)

山田守によって設計された東海大学湘南キャンパスに位置する、Y形平面の校舎である。東海大学の代々木校舎2号館をX字平面で設計した山田は、キャンパスの中心に、一辺100mの正三角形がすっぽり収まるようなY形平面という対称性の高い平面図形を適用し、象徴性をもたせる意図があったと考えられる。学園理事の教授として、広大な湘南キャンパス全体の計画を任された山田は、Y型の校舎の上部中心に直径13mの円筒形の塔を設け、校舎の象徴性を高めた。小高い丘の上に位置する校舎は、左右対称のファサードの中心へと向かう南北軸となるプロムナードの北側の終点となり、700m離れた先からも、その大きさがみてとれる。

ファニャーノ・オローナの小学校

ミラノから北西方向に、40kmほどの街であるファニャーノ・オローナに、アルド・ロッシによって設計された小学校がある。直径10mの円筒形のキューポラのある中庭が置かれ、外階段から、キューポラの窓を介して、エントランスの煙突が見える工夫がなされている。外階段から見える、エントラ

Elementary School in Fagnano Olona

ンスと隣あった煙突は、子どもたちの記憶の中に、建築の内と外が体験として繋がるシークエンスを作り出す。建物の外のモニュメントが中庭から見える体験がもたらす軸線は、学校の記憶を増幅させる装置となる。

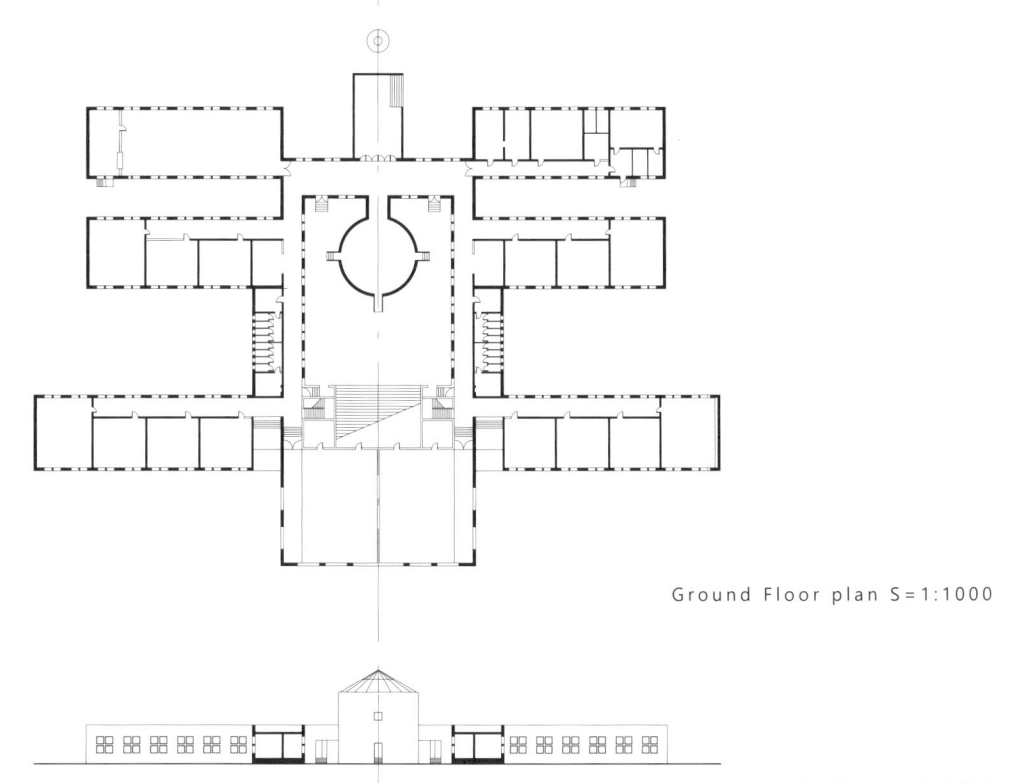

Ground Floor plan S＝1:1000

Section S＝1:1000

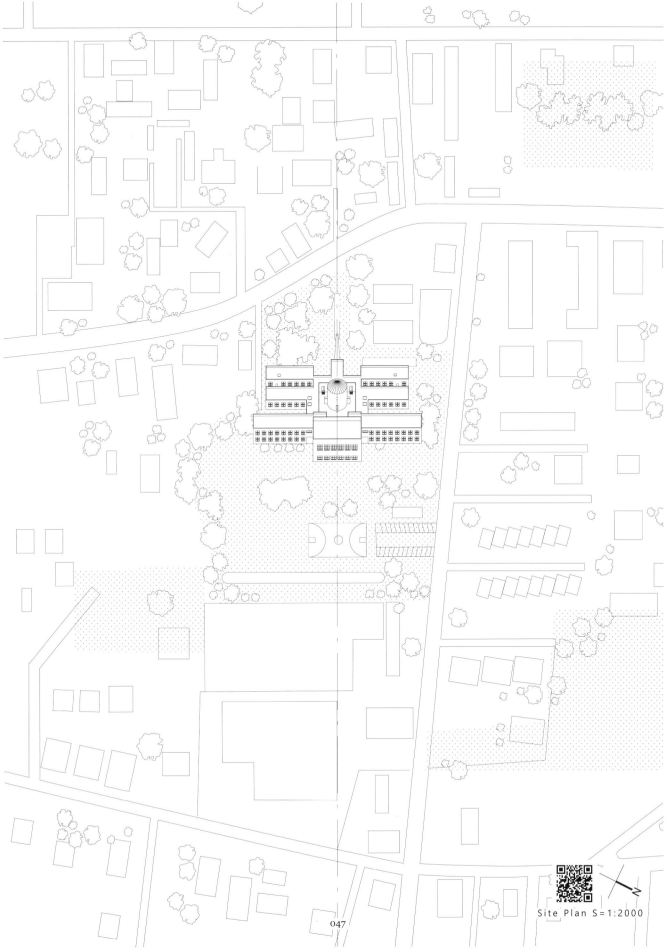

Site Plan S=1:2000

10 正面性

Frontality

母の家

Vanna Venturi House

ポストモダン建築の先駆けとなった作品。ロバート・ヴェンチューリは、建築理論書『建築の多様性と対立性』の執筆と同時期に、この母親のための住宅を設計した。そのため、この住宅の要素はモダニズム建築に対する反発ともいえる。それらは、陸屋根に対する切断された切妻屋根、ピロティやガラスに対する一階の閉じた壁、アーチの装飾などにより表現されている。建物は、車道によって定義される敷地内の主軸

上に配置されている。この主軸に対して、正面ファサードは対称性を持ちながらも、不均衡な要素が取り入れられている。例えば、煙突は2階の中央に配置された部屋によって強調されているが、実際の煙突は、主軸から外れている。また、正面の切妻は内部空間よりも拡張されており、背面とは一致していない。こうしたスケールの操作により、正面からは記念碑的なファサードが形成されている。

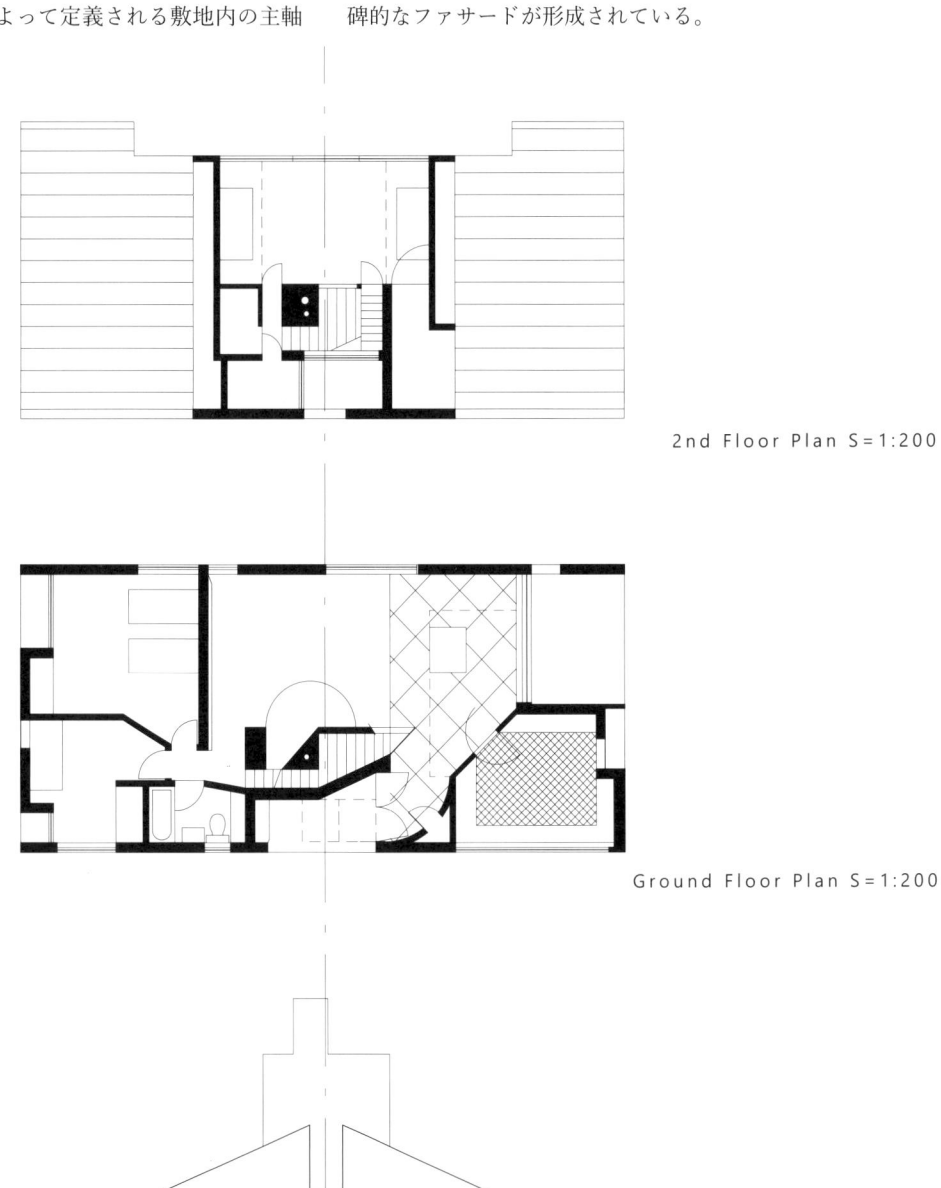

2nd Floor Plan S=1:200

Ground Floor Plan S=1:200

Elevaition S=1:200

Site Plan S=1:500

第4消防署

幅 20m の小規模な消防署であり、ほぼ真南を向いて接道している。中央の「4」の文字があるタワーは、高さ 11.3m（37ft）で、真正面は黒と白の釉薬を塗ったレンガでフラットに仕上げられ、円筒を一部切り欠いたような形をしている。これは、ホースを乾燥するためのもので、軸に、平面計画自体は二分割され、左に消防士の仮眠室などの居住区画、右に消防車の

Fire Station Number 4

ガレージ区画が配されている。左側居住部と右側区画では高さが異なるため、左側に高いパラペットをもうけることで逆 T 字のシルエットが実現している。側面の赤い素焼きレンガがコーナー部分まで覆っており、膨張色により消防署としてのシンボル性が付与され、周辺環境から目立つ「ビルボード・アーキテクチャー（看板建築）」となっている。

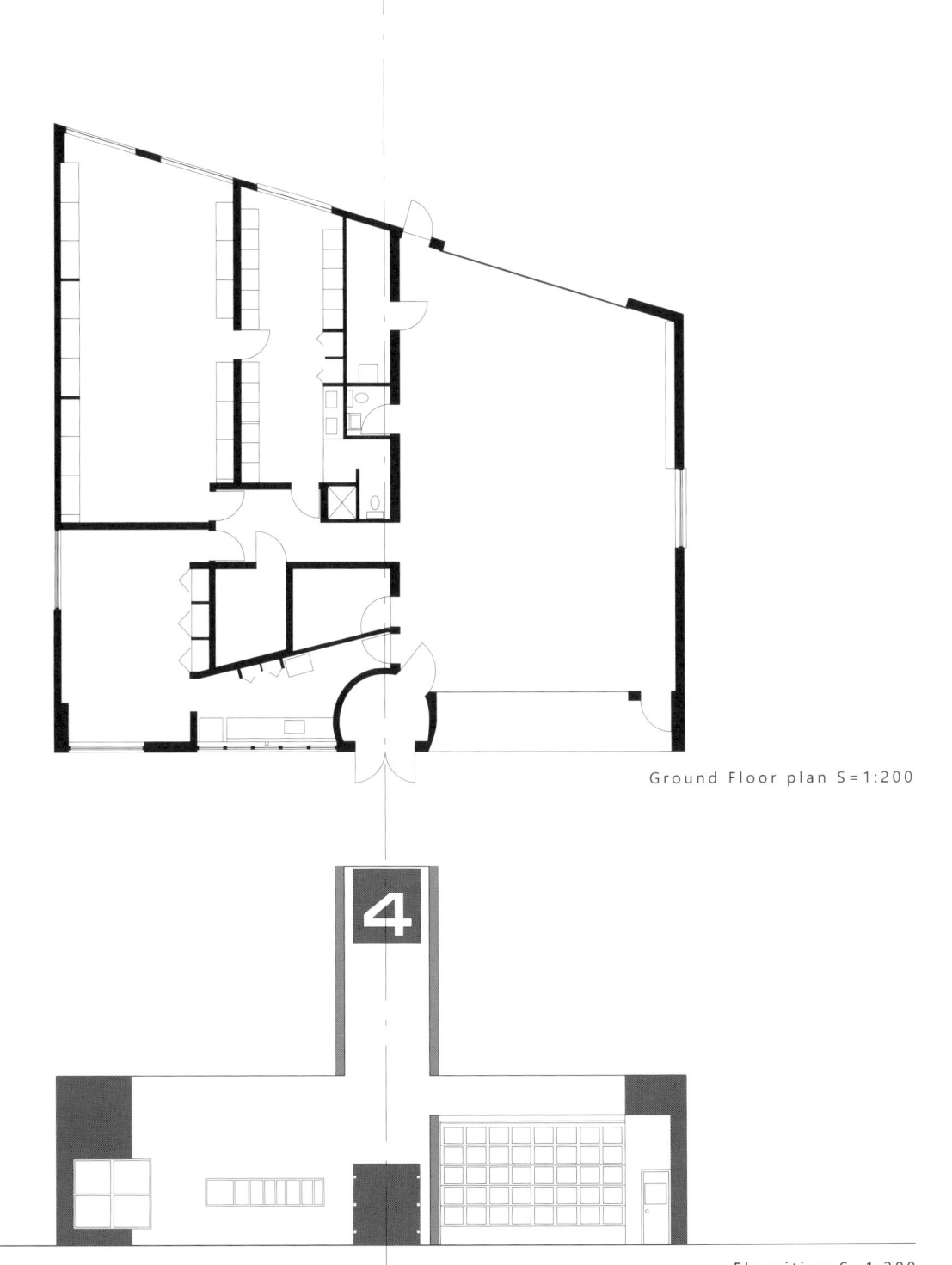

Ground Floor plan S＝1:200

Elevaition S＝1:200

Site Plan S=1:500

11 軸線と対称軸のズレ　Misalignment between Axis and Symmetry Axis

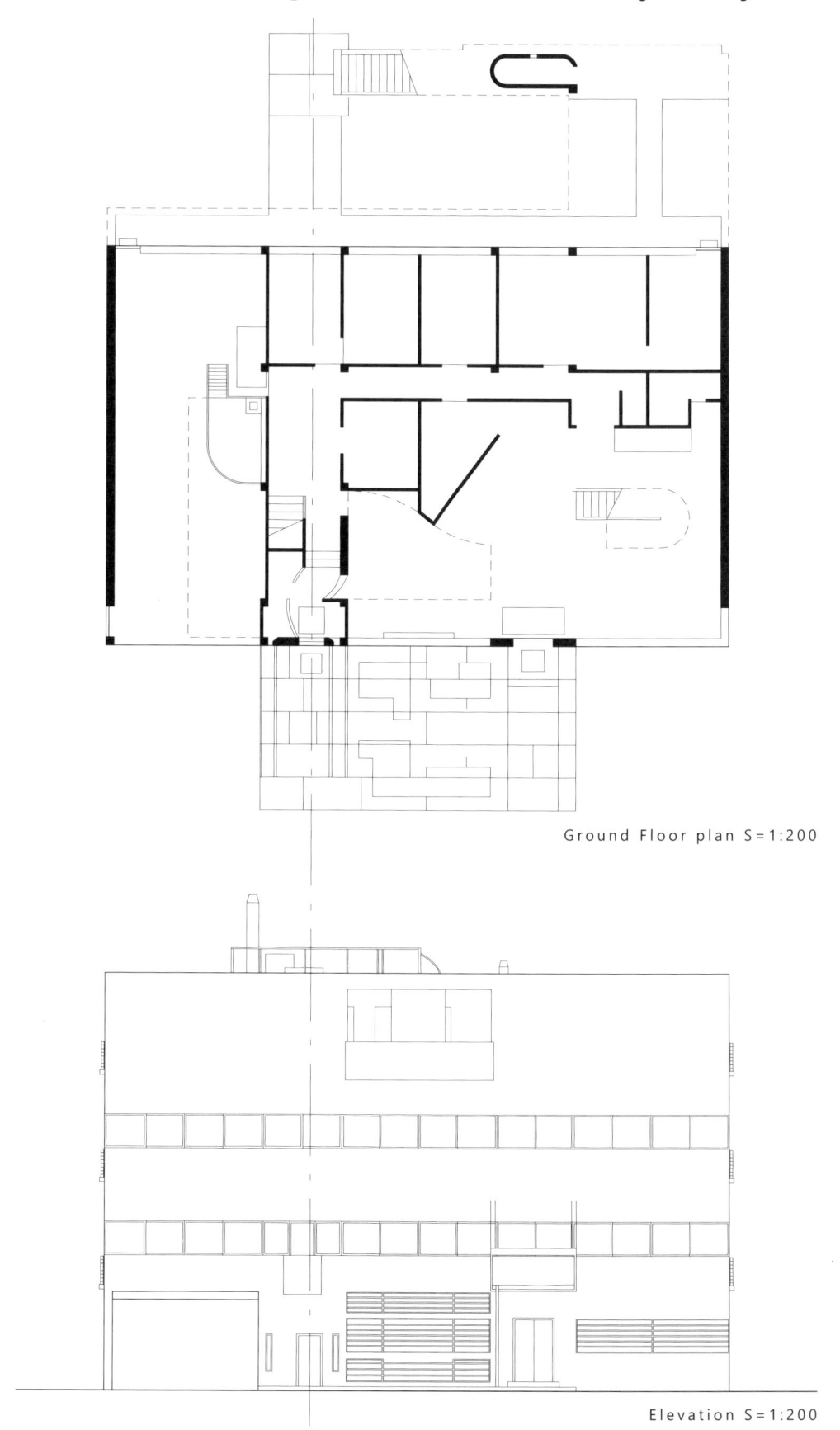

Ground Floor plan S=1:200

Elevation S=1:200

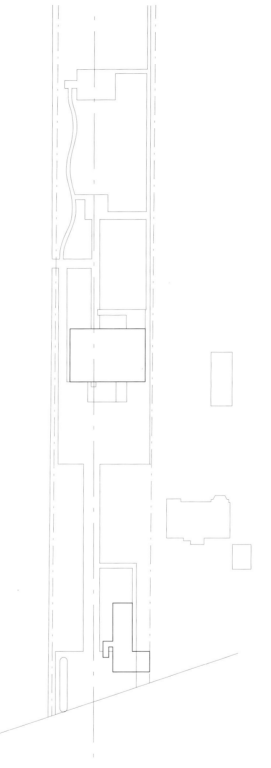

Site Plan S=1:1000

シュタイン邸（ガルシュの家）　　Villa Stein (Villa Garches)

この建物は、ル・コルビュジエが1927年に、ミハエル・シュタイン夫妻のために、パリ郊外のガルシュという街に設計した住宅である。短冊状の敷地は、幅27mであるが奥行きは約200mある。道路脇左手に門番の建物があり、そこから約80mセットバックしたところに、この住宅のファサードが見える。道路から直線状に伸びるアクセス動線は、住宅のファサードの左側のサービス用玄関に至る。建物自体のベイの比は2：1：2：1：2の構成となっており、ファサード面の左右対称性は明快であるが、その対称軸とアプローチ動線の軸にはズレが生じている。すなわち、車道の軸線の延長上には住宅の左側玄関があり、門番の建物から突き出た庇の軸線上に住宅全体の中心軸がある。さらに門番の建物本体の軸は住宅右側のエントランスの軸と一致している。

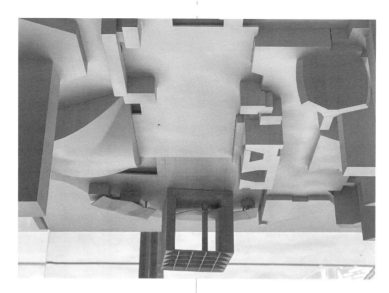

Section S=1:2000

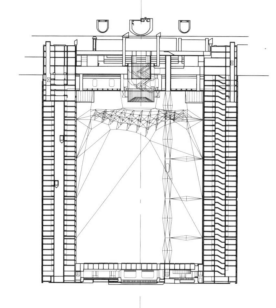

Ground Floor plan S=1:2000

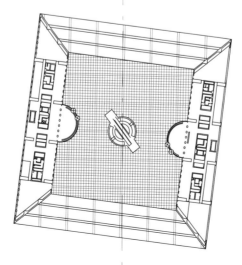

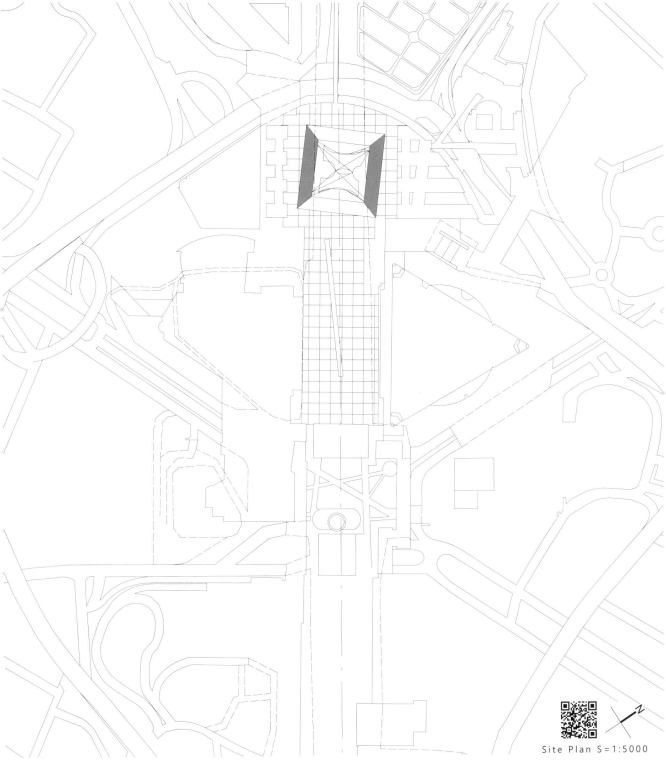

Site Plan S=1:5000

グランダルシュ

この巨大でジオメトリックな建物は、1989年にパリ北西部のデファンス地区の中心に建てられた超高層ビルである。国際コンペによって、デンマークの建築家ヨハン・オットー・フォン・スプレッケルセンが設計者として選ばれた。タテヨコ高さが100〜110mの立方体の箱に巨大な穴が穿たれた、いわゆる＜正八胞体＞と呼ばれる形をしているが、正面から見ると巨大な門（＝アーチ）となっている。デファンス地区の都市軸は、パリ中心のルーヴル美術館まで続き、いわゆるパリの歴史軸（＞No.28）を構成しているが、その軸線に対して建物の軸は約6度傾いている。これは、既存の地下交通網から建物基礎を避けるためであったが、そのズレの角度はルーヴルのピラミッドの角度のズレとほぼ一致しているため、知的なデザイン上のレトリックであるとして都市神話化されている。

La Grande Arche

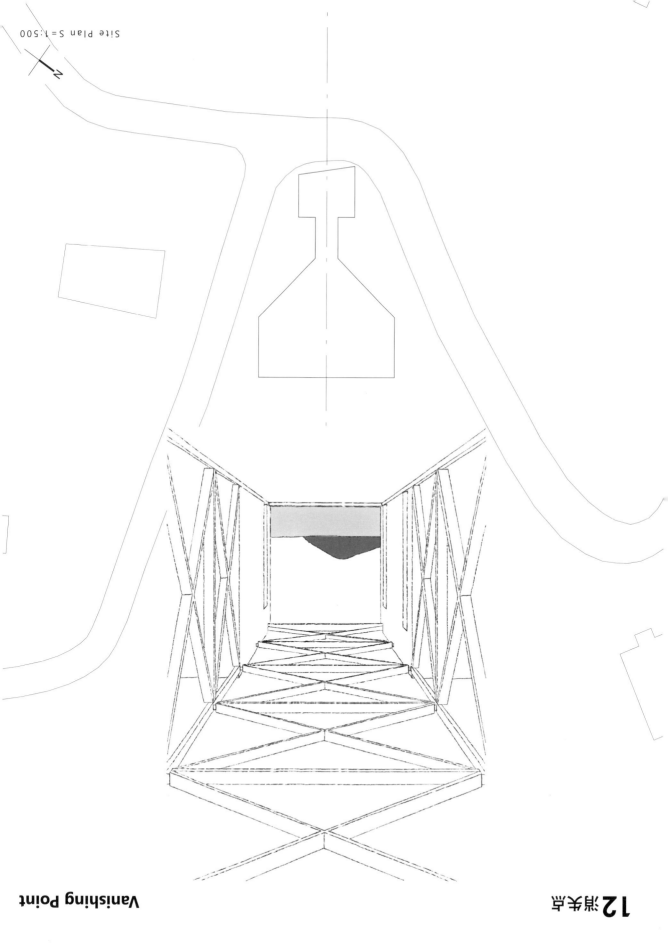

12 消失点
Vanishing Point

Site Plan S=1:500

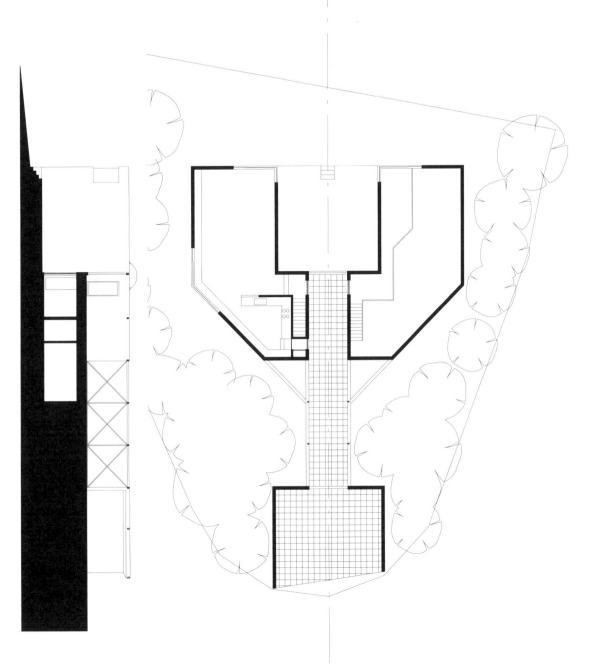

2nd Floor plan, Section S=1:250

糸島の住宅

House in Itoshima

福岡県糸島市に、建築家篠原一男により1976年（上原通りの住宅と同年）に設計された。吹き抜け状のアトリエ部分と、居住部分とを分けて配し、左右対称形のプランとなっている。特徴的なステンレス製のブリッジは、コンクリートの壁で囲まれたエントランスガレージと、ブリッジ端部の左右に設けられた2つの玄関を直線的に繋ぐもので、遠く水平線に浮かぶ姫島を望むためのトンネル状の立体フレームとなっている。このフレームは、角パイプで構成された一辺2.7mの立体グリッドを7つ繋げたもので、これを額縁として、姫島を消失点とするパースペクティブな景観がつくられている。断面的に見ると、ブリッジ端部の正方形の中庭がブリッジより1層分下がっていることで、住宅と海の距離感を視覚的に縮める効果を生んでいる。

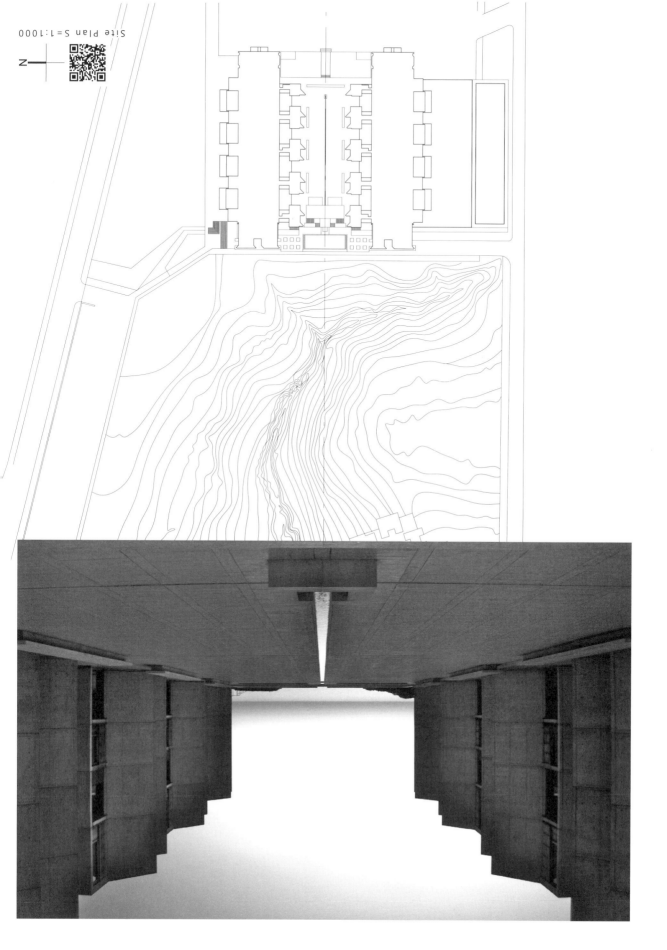

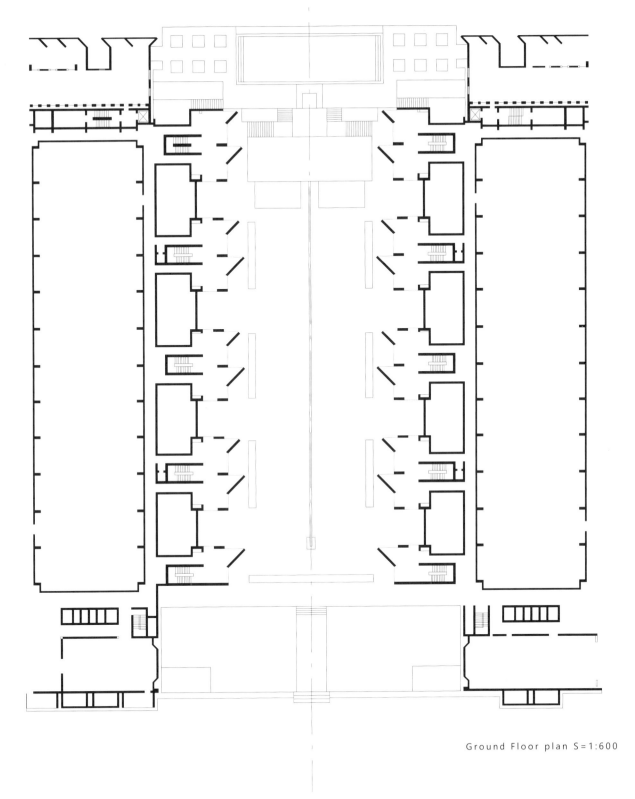

Ground Floor plan S=1:600

ソーク研究所

サンディエゴ郊外ラホヤのカリフォルニア大学サンディエゴ校のキャンパスの隣の敷地に建つ生物医学系の研究所。建築家ルイス・カーンによって1963年に設計された。対称形をなす2つの研究棟に挟まれた中庭からは、細長く切り取られた水路を中心軸として、その延長上に、太平洋に沈む夕陽を

Salk Institute for Biological Studies

望むことができ、打ち放しのコンクリート壁面とトラバーチンの床面とが相まって、劇的なパースペクティブがつくられている。前掲の＜糸島の住宅＞と同様、中庭の地盤面を周辺の地面より持ち上げることにより、中庭と海との距離感は、視覚的に縮まる効果を生んでいる。

13 ファサードの歪み

Façade Distortion

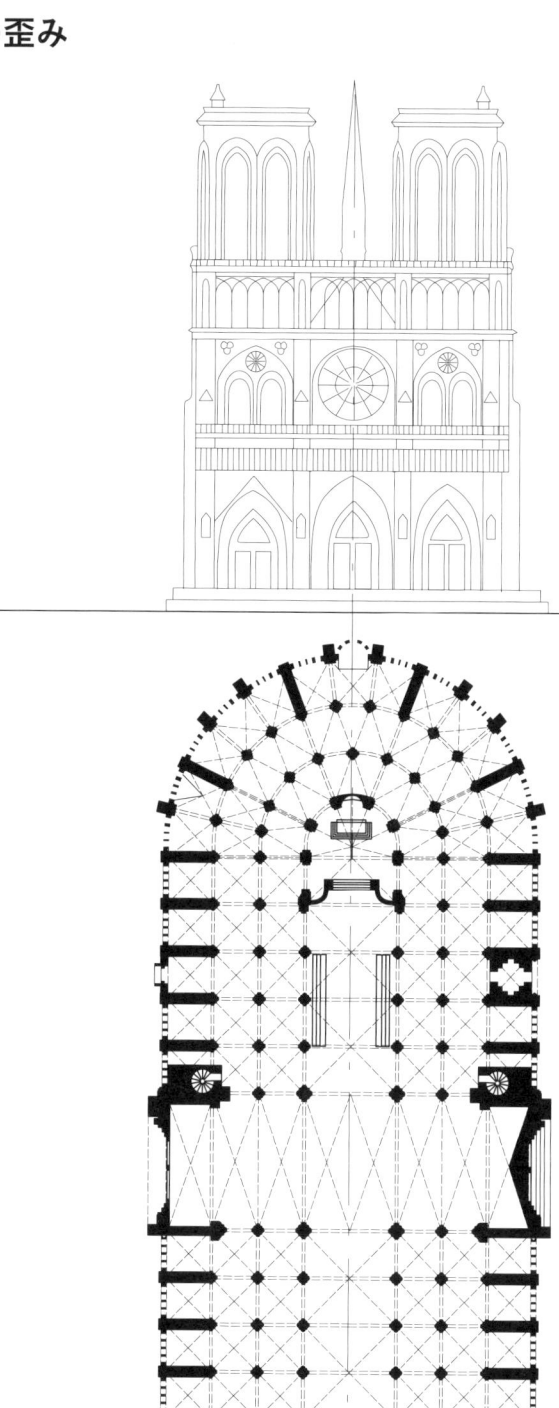

Elevation S＝1:1000

Ground Floor plan S＝1:1000

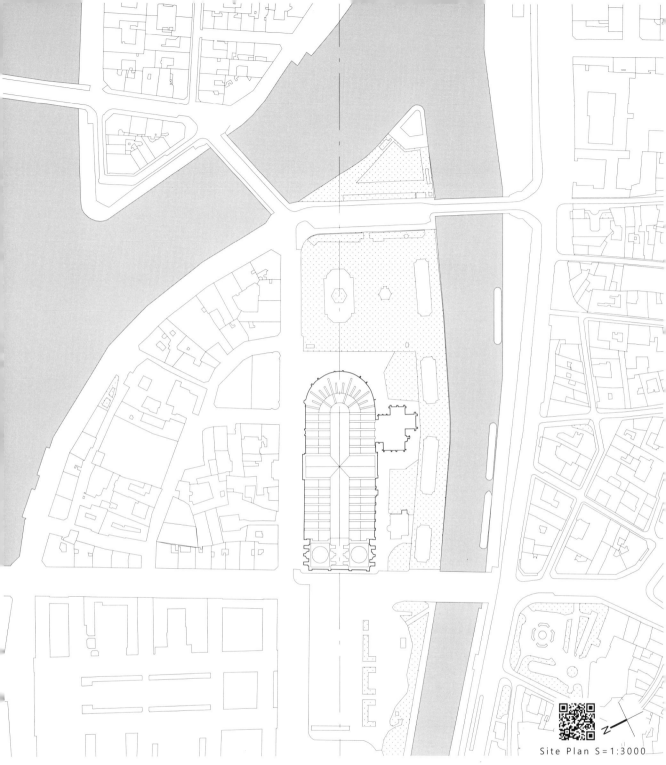

Site Plan S=1:3000

パリ・ノートルダム大聖堂

Cathédrale Notre-Dame de Paris

この有名なファサードは、12世紀から14世紀にわたり建設され、フランス革命において部分的に破壊されたものの、度重なる修復を経て今日に至っており、近年の大火災においては崩壊を免れた。高さ約70m、幅約50mの石造ファサードは、前面広場に対してほぼ左右対称の構成をなすが、部分的に非対称のデザインとなっている。さらに全体のプロポーションをよく見ると、左右の塔の幅が大きく異なっている。設計当初からの意図的なものか、施工段階における変更なのか、あるいはデザインそのものに厳密な対称性を求めなかったのか、その理由は定かでないが、広場を隔ててシテ島とセーヌ左岸を結ぶ小橋（＝プティ・ポン）の欄干に立ち、やや右斜めからファサードを遠望すると、その非対称性に気付くことはあまりない。

タージ・マハル

Taj Mahal

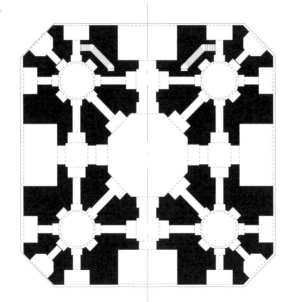

Ground Floor plan S=1:1000

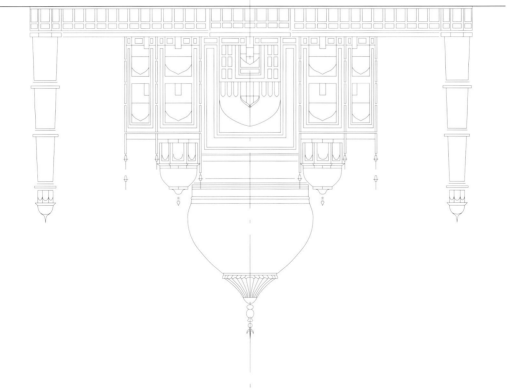

Elevation S=1:1000

この著名な建造物は、インド北部郊外アグラのヤムナー川沿岸に建つ霊廟（=理葬化された墓）である。17世紀に当時のムガル帝国皇帝が亡き皇妃を偲んで総大理石の墓を造らせた。建物自体の構成は直交2軸対称性をもって、正方形の頂点となる4本の繊細な尖塔（ミナレット）がそれぞれを囲み、それに対して建物周囲の庭園の配置は、南に正方形の庭園を配し、東西の軸が北に川沿いを軸にして、建物へのアプローチは南門からである。

これらを見ると建物のファサードは、目線先に映されたその形のだ量だけ建物後方にも建物が推続って、尾行のないかベースをいうきれいさになっている。4本のミナレットは、建物側の側面を内側に傾いている。そうだな、アイレベルから建物がそれを覚知することはできない。

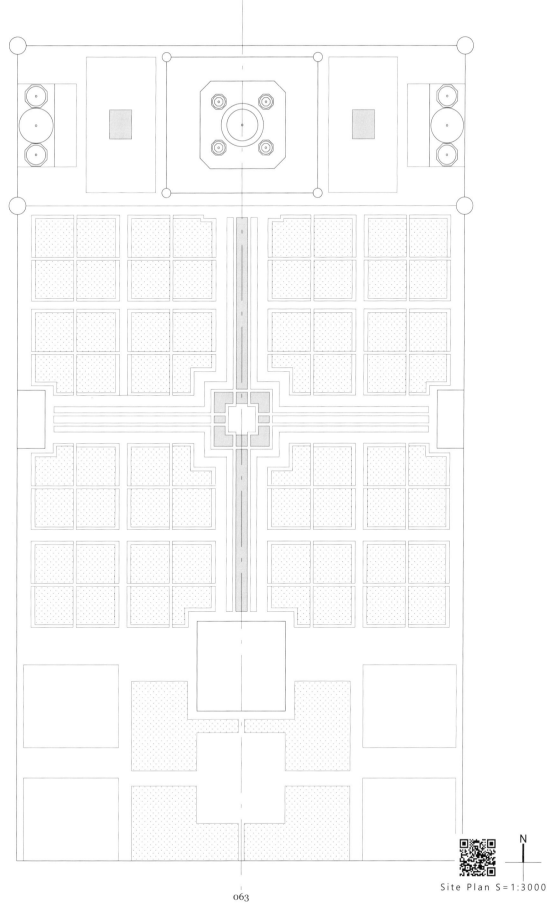

Site Plan S=1:3000

14 王冠型ファサード

Crowned Façade

ヴィラ・バルバロ

北イタリア・ヴェネト地方のマゼルにある、ヴェネツィアの政府高官を歴任したバルバロ家のためのヴィラである。幅75 mほどある南面ファサードは正面性が強く、おおよそヴェネツィア方向に向かった中央の主室から、施主が所有する荘園と、その向こうにヴェネツィア湾を臨むことができたのだろう。高さ15 mのバルケッサ（翼廊部の納屋）の両端に頂部には、日時計を付けたパヴィリオンがあり、この裏側は鳩

Villa Barbaro

小屋となっている。鳥が羽を広げたような平面に、中央と両側にペディメントを王冠状に置いた立面は、ヴェネツィアから飛んできた伝書鳩が帰巣する目印となる。このヴィラの外形は、荘園領主である人間と、マゼルーヴェネツィア間の遠隔コミュニケーションを成立させる動物の両方に寄与したのだろう。「平等院鳳凰堂」同様、時代の権力者が強調する王冠型の構成は、ひとつのテリトリーを形づくる。

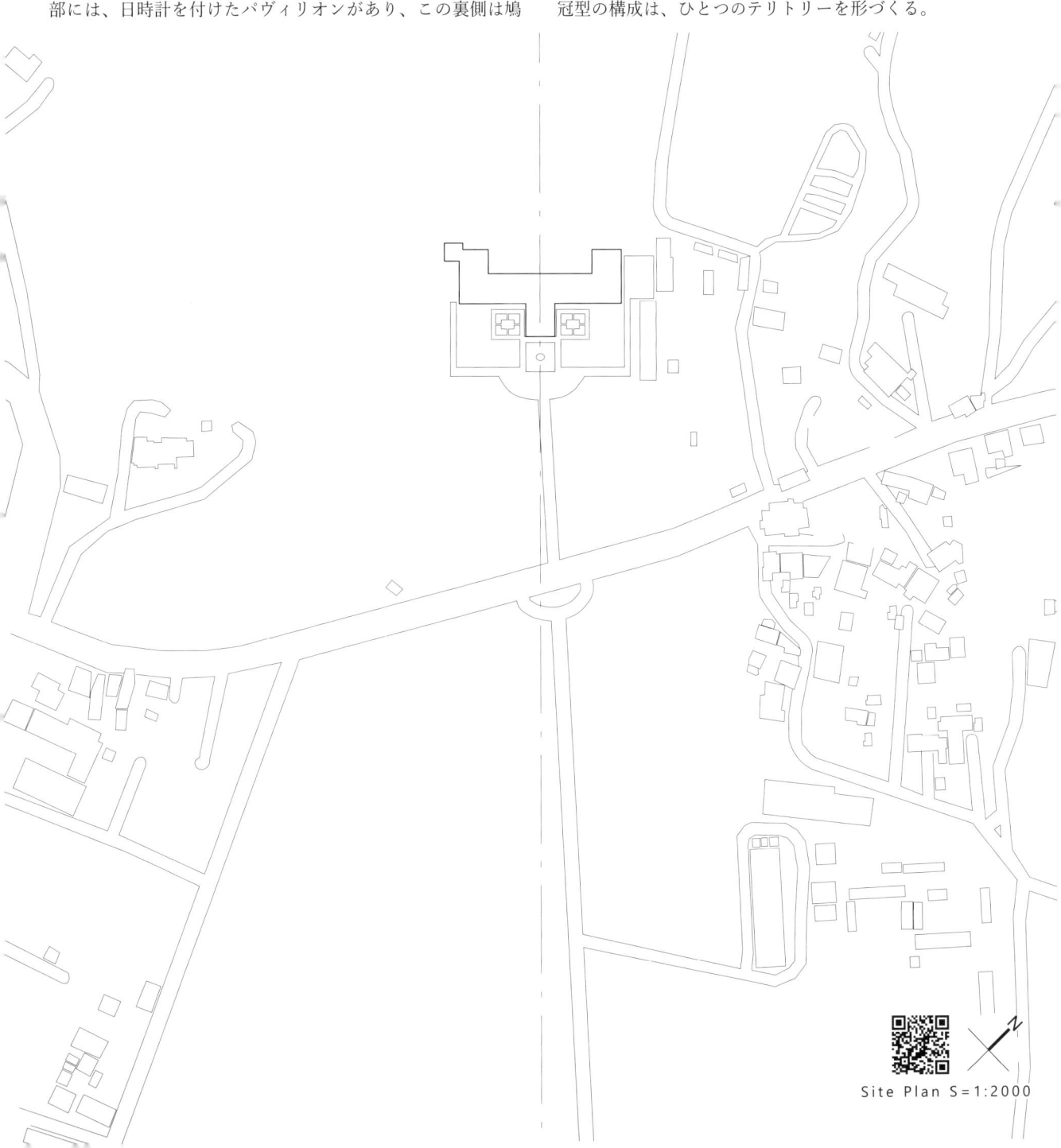

Site Plan S=1:2000

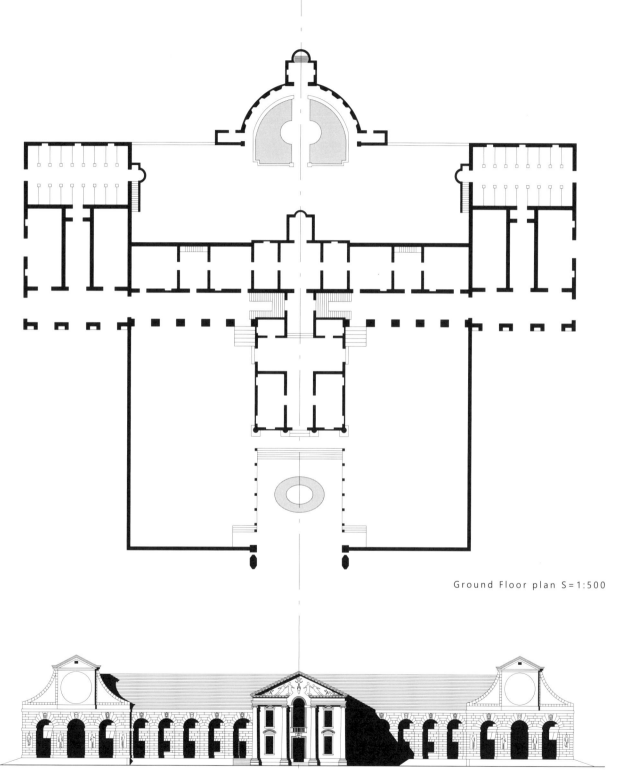

Ground Floor plan S=1:500

Elevation S=1:500

平等院鳳凰堂

平等院鳳凰堂は、京都府宇治市に位置し、平安時代中期の11世紀に藤原頼通によって計画され、当初は無量寿院と呼ばれた。彼岸を理想化し、庭園と建築を組み合わせた浄土堂の最初期の例である。鳳凰が羽を広げたような平面をもつことから、この名で呼ばれる。幅20mほどの立面は、5m×6mの中央の本堂中心に、両端の楼閣が左右対称に配され、

Byodoin Phoenix Hall

回廊で繋がれる。回廊の下層は上層の楼閣部はミニチュアのスケールとなっており、床が敷かれているにもかかわらず人間が立てる天井高ではない。このことから、浄土庭園の中心となる、庭園のパヴィリオンとしての外形が強く意識されていたといえるだろう。

Site Plan S=1:500

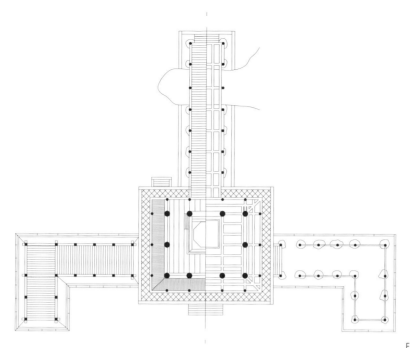

Floor plan S=1:200

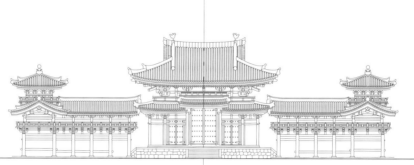

Elevation S=1:200

15 交差点から見たファサード

Façade from Intersection

渋谷 109

渋谷の道玄坂下のY字交差点の鋭角の角地に面するこの建物は、東急グループが1979年に建てたファッションビルで、都心の商業ビルとしては長寿命の建物である。日本のポスモダン建築の騎手であった設計者の竹山実は、円形階段を含むシリンダー状のボリュームを正面に設け、メインフロアのボリュームをそれとは切り離してセットバックさせることで、

Shibuya 109

道玄坂を約120m下った先の渋谷スクランブル交差点からの視線を意識した、高さ50mの巨大なバナーあるいは広告塔としての役割を建物に纏わせている。渋谷のすり鉢状の緩斜面の地形と相俟って、街中のランドマークとして、今なお現役の建物として機能している。

Site Plan S=1:1000

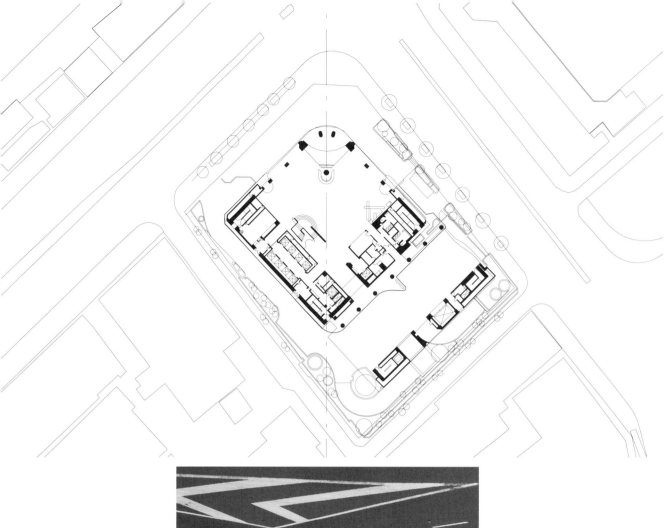

ホンダ青山ビル / 青山一丁目交番

Honda Aoyama Building / Aoyama 1-Chome Police Box

幅員40mの青山通りと外苑東通りが交差する青山一丁目交差点には、HONDAの本社、青山ツインビル、赤坂御用地などが面している。地上17階建てのホンダ青山ビルは、1985年に竣工（2025年に解体・建替え予定）であるが、その端正なファサードは交差点に向かって完全な対称形のデザインとなっている。さらに、角に設けられたエントランスには2本の柱がゲートをなし、ロビー中央に独立柱が設えている。一方、交差点を挟んでその建物の対面にある2階建ての小さな交番（＝KOBAN）は、地下鉄の駅へと続く階段とエレベータを従えつつ、緑の森の前に慎ましく存在しているが、建物のファサードをよく見ると、これも対称性を意識したデザインとなっている。この2つのファサードの奇跡的な対峙関係は、幅の広い幹線道路を通過するクルマの交通量で、人々にあまり意識されていない。

16 幾何学の挿入

Geometry Insertion

アルディト・デージオ公園 （ポレゼッロ公園）

オーストリアとの国境に近いイタリア・フリウリ地方の都市ウーディネの北西郊外地区にあり、PEEP（大衆向け経済住宅計画）政策の一環で、実現した公園である。ヴェネツィア建築大学で教鞭を執り、アルド・ロッシに影響を与えた建築家ジャンウーゴ・ポレゼッロによって設計された。RC の 2枚の壁と 4 本の柱によって一辺 30m の正三角柱のパビリオンに並行するように、壁のない短辺 30m、長辺 60m のパビ

Parco Ardito Desio (Parco Polesello)

リオンが配される。このパビリオンの長辺方向に平行に、木々と鉄骨製のパーゴラによって一辺約 100m、120m の 2 種類の正方形平面が置かれ、その内側を回転するように樹木の整列した正方形の区画が置かれる。この 2 列に整列した木々の正方形の一辺は、既存の送電塔をも取り込み、自然物と人工物が織りなす幾何学のランドスケープがもつ複数の軸線によって、さまざまなパサージュが体験できる。

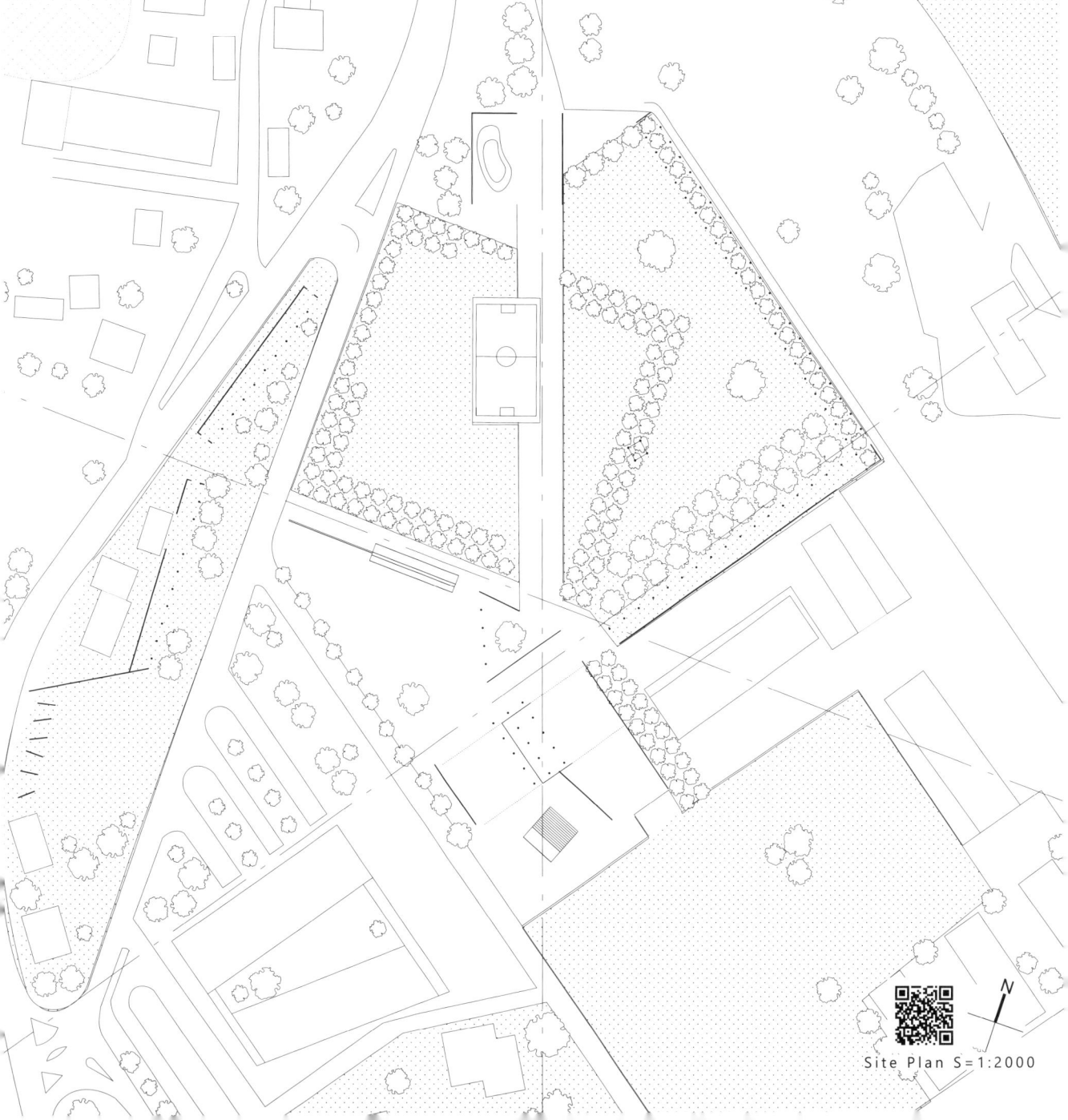

Site Plan S=1:2000

Ground Floor plan S=1:300

ポンピドゥー・センター・メス

建築家・坂茂によって設計された、パリから、東に280km
離れた街メスに設計されたポンピドー・センターの別館であ
る。エレベータと階段が納まった一辺61mの六角形平面の
鉄骨タワーのコアのまわりに、「ギャラリーチューブ」と呼
ばれる3本のチューブ状の展示室ボリュームを3段に積層
しながら、挿入している。四角いチューブボリュームは幅

Centre Pompidou-Metz

15m、長さ90mであり、1本のチューブは、市内中心の大
聖堂へと、別のあるチューブは、メス駅へと向けられている。
ポレゼッロが設計した公園と同様に、既存の敷地環境にある
建築的オブジェクトを、自らが選択した初源的幾何学を関連
付けながら、建築家が介入する軸線が遊び心のある形で決定
されたのだろう。

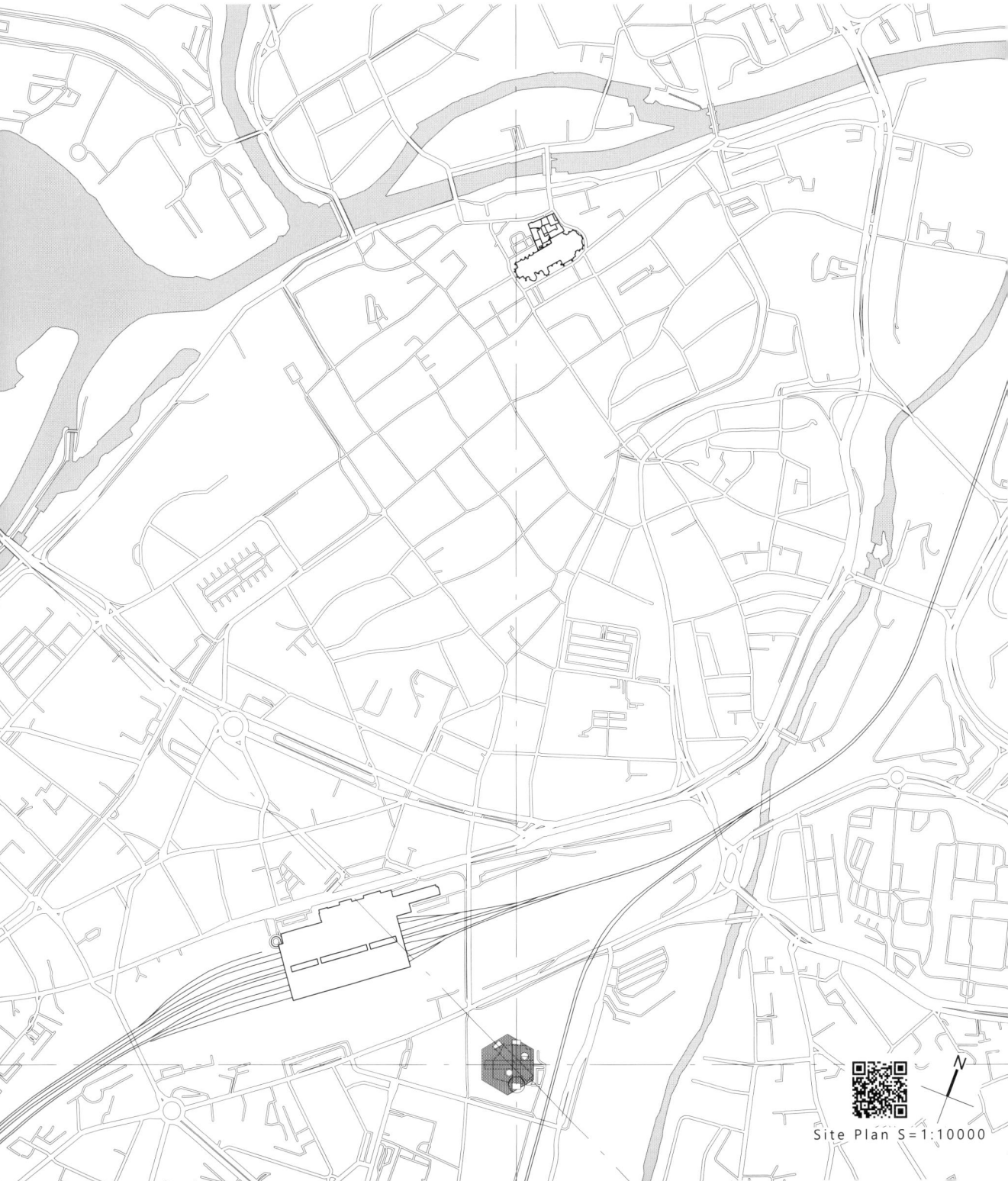

Site Plan S=1:10000

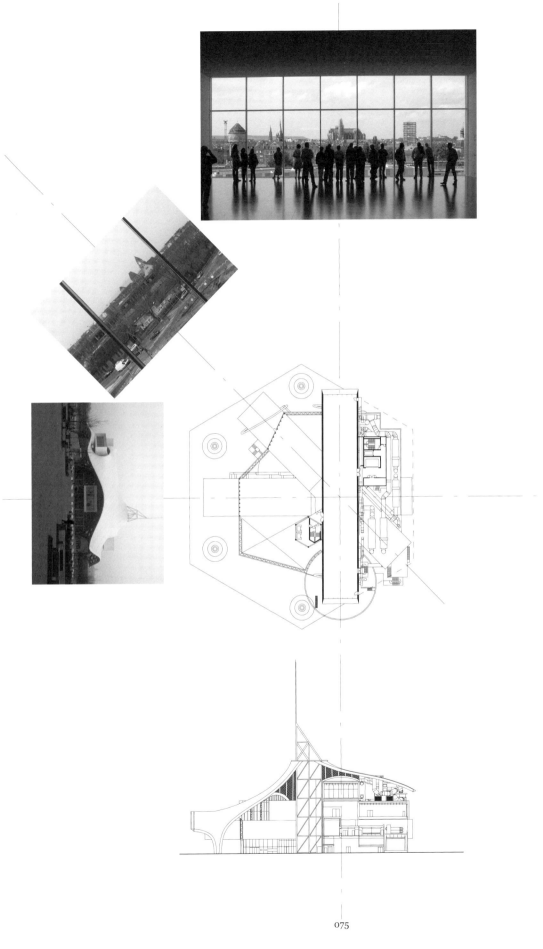

5F plan S=1:1500

Section S=1:1500

17 垂直軸

Vertical Axis

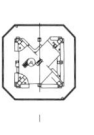

3rd Observation Floor Plan S=1:2000

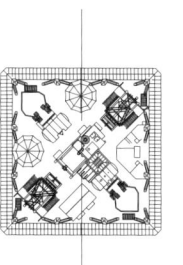

2nd Observation Floor Plan S=1:2000

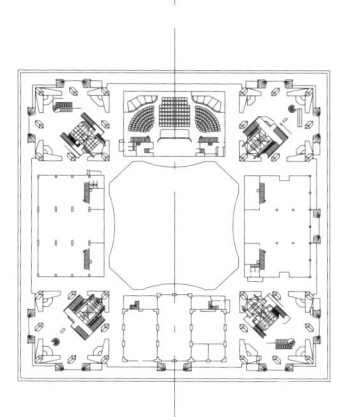

1st Observation Floor Plan S=1:2000

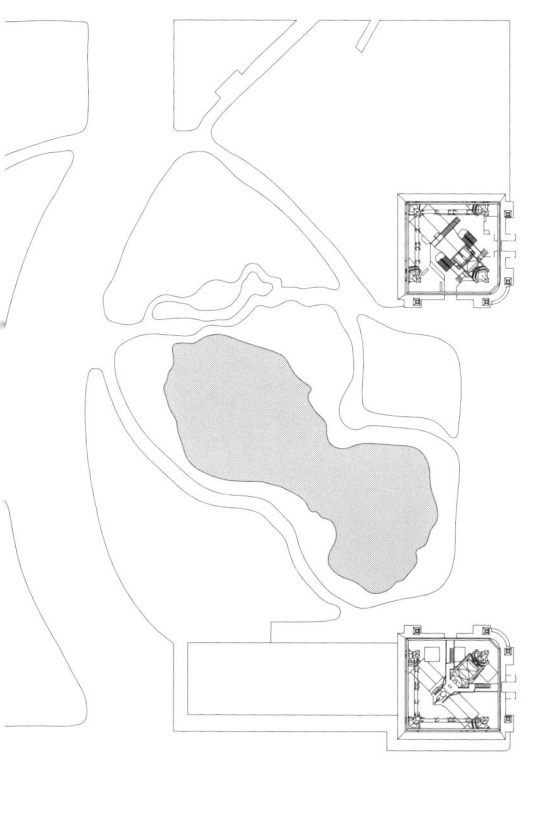

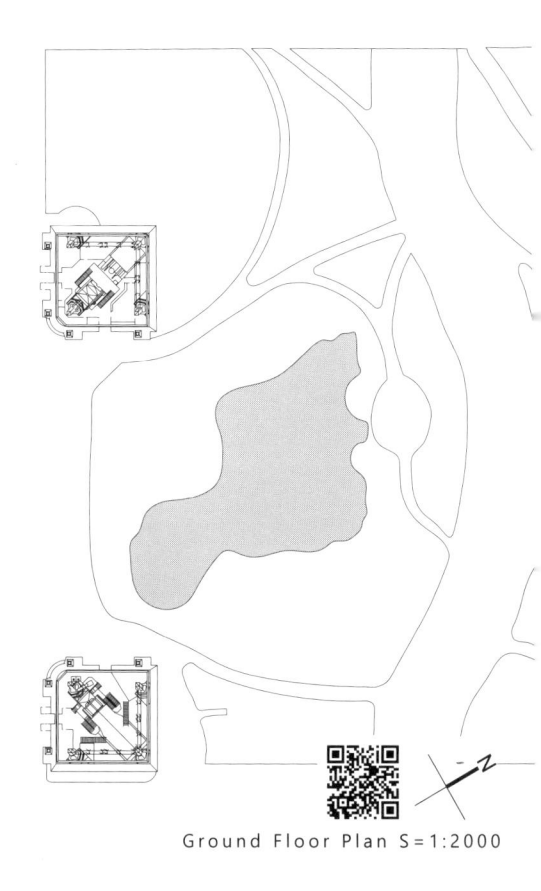

Ground Floor Plan S=1:2000

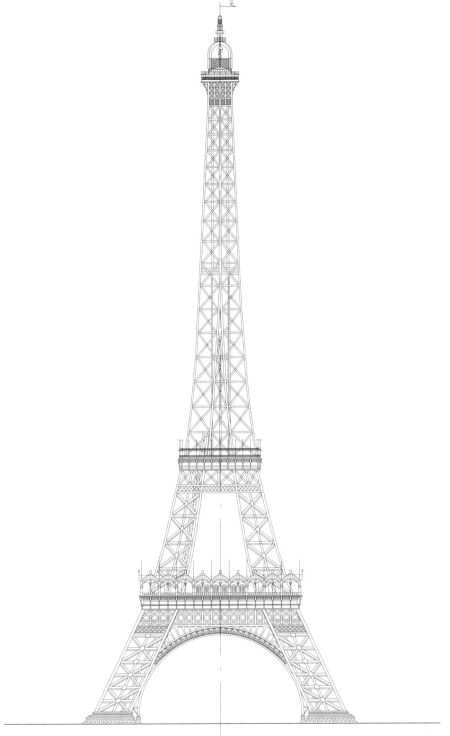

Elevation S=1:2000

エッフェル塔 — La Tour Eiffel

フランス革命100周年を記念して開催された第4回パリ万博の記念碑として建設された、高さ300mの鉄塔（アンテナの設置により現在の高さは330m）。パリのシンボルとして「鉄の貴婦人」という愛称で親しまれているが、建設当時はその高さゆえに、芸術家などを中心に景観を巡る論争が巻き起こった。構造は、錬鉄製のトラスによる4本の柱脚で構成された曲線的な尖塔で、風の力と塔の重量を地面に逃がす工夫が施されている。高さ57mの第1展望台、高さ115mの第2展望台、高さ276mの第3展望台と、3つの展望台が設けられている。アーチで結ばれた柱脚の内部には、地上階から第1展望台へ斜めに昇る水力油圧式エレベーターが設置されており、この基本構造は現在も稼働している。工場で生産された部品を現場で組み立てるプレハブ工法を用いたため、着工からわずか2年2ヶ月で完成した。

ブルジュ・ハリファ

Burj Khalifa

高さ 828m、163 階建ての世界一の超高層建築物。この建物は、大規模な複合開発の中心的な施設で、低層部にはホテル、中層部には住宅、上層部にはオフィスや展望台、飲食施設が配置されている。デザインは、砂漠に咲く花「ヒメノカリス」から着想を得ており、Y 字型の平面形状をもっている。この Y 字型の各翼は、六角形の中心コアを介して互いを支え合う構造になっている。各翼は上に行くにつれて螺旋状にセット

バックしており、最上部では中心コアが露出して尖塔を形成している。この特徴的な形状は、ペルシャ湾の眺望を確保するだけでなく、風の流れを乱すことでビル風対策にも役立っている。さらに、砂漠の過酷な気候に対応するため、高性能なカーテンウォール、上層階から冷気を取り込む換気システム、空調によって発生する結露水を回収するシステムなどが備えられている。

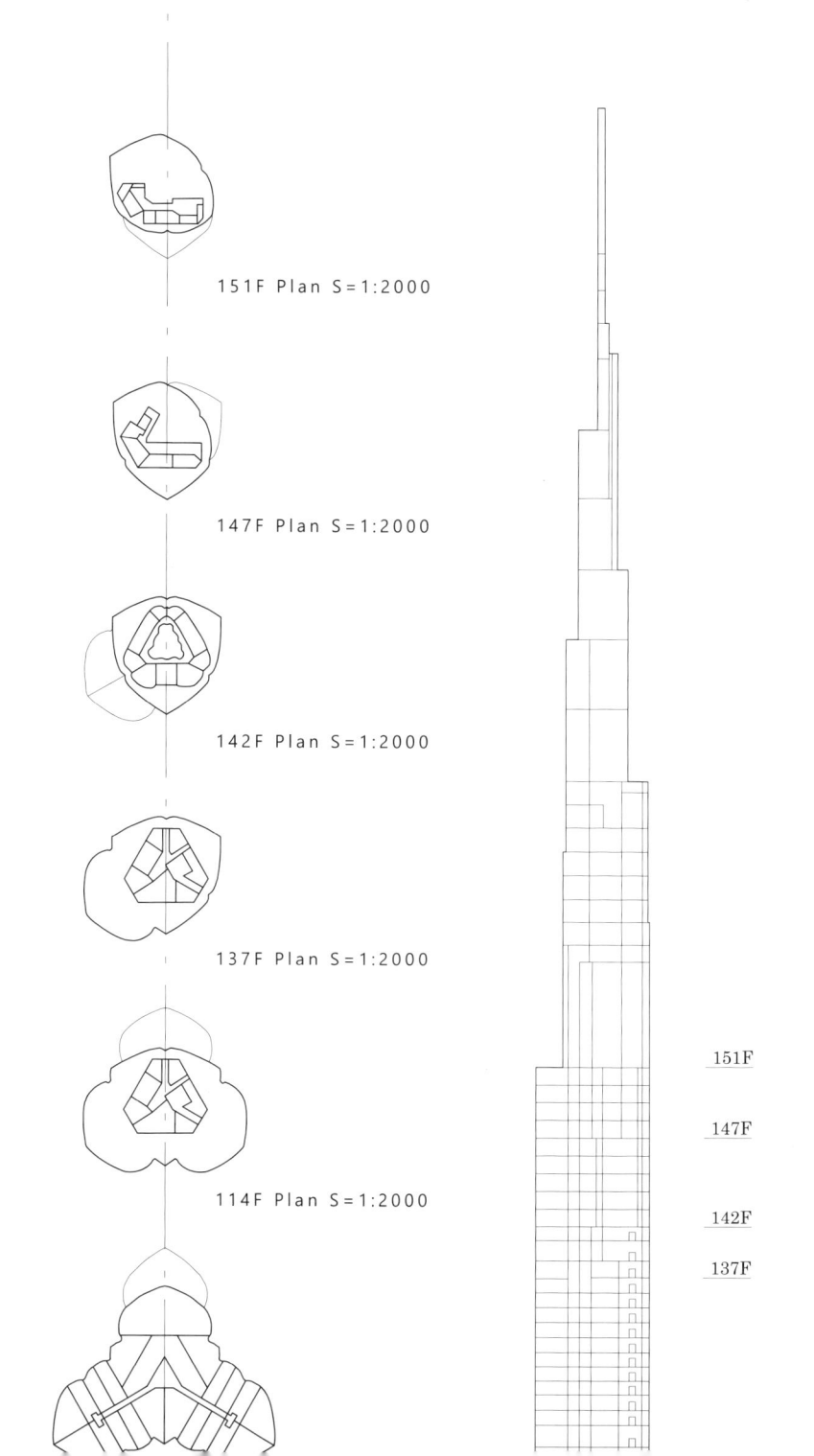

151F Plan S=1:2000

147F Plan S=1:2000

142F Plan S=1:2000

137F Plan S=1:2000

114F Plan S=1:2000

151F

147F

142F

137F

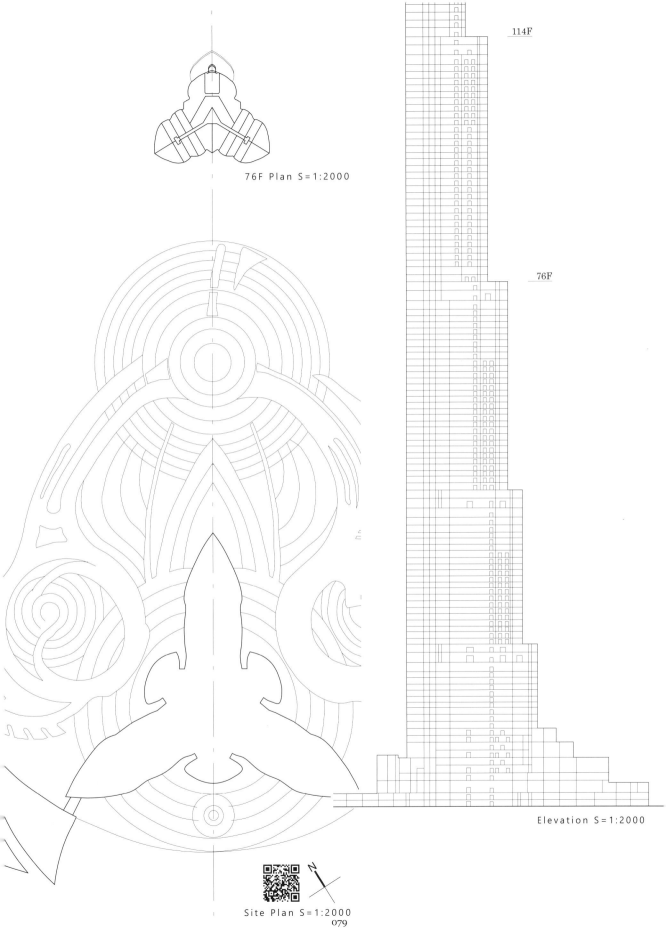

76F Plan S=1:2000

114F

76F

Elevation S=1:2000

Site Plan S=1:2000

18 双塔

Twin Towers

新青山ビル（青山ツイン）

Aoyama Twin

青山エリアのランドマークビルとして知られ、対称的な平面をもつ2棟の高層部と、それらを繋ぐ低層部から構成されている。高層部は高さ87m、23階建てのオフィス棟で、中央に位置するプラザを挟んで30mの間隔で建てられている。基準階の面積は約1500㎡で、両端にコアが配置されている。低層部の1・2階及び地下1階は、飲食店や物販店が並ぶ商

業施設となっており、屋上は人工地盤を利用した広場として開放されている。赤坂離宮側に抜けるこのクレバスのような2棟の隙間の先には、集合住宅があたかも狙いを定めたかのように正対して建てられており、それが偶然ではないかのように感じられる。

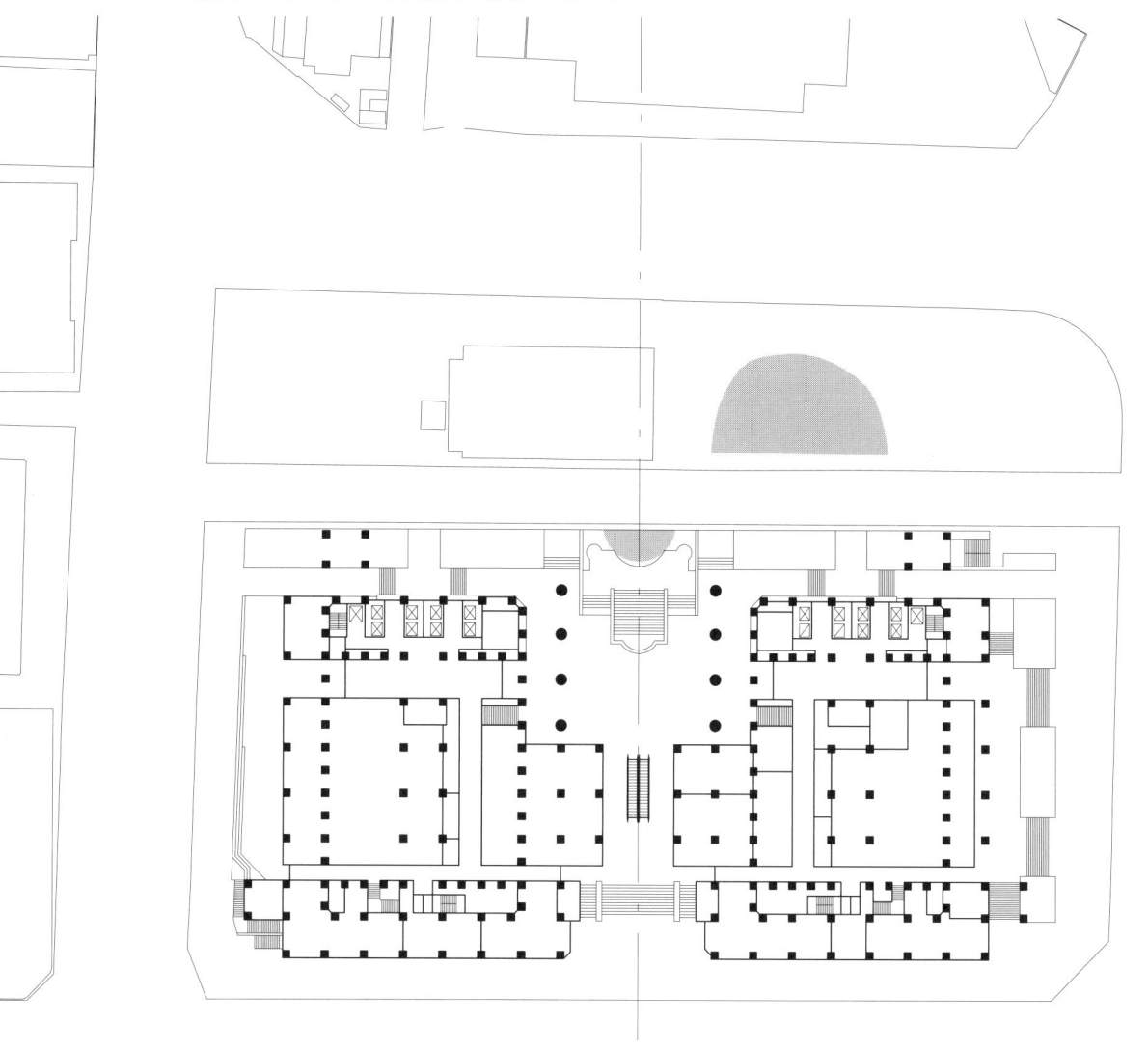

Site Plan S=1:1000

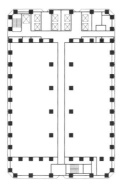
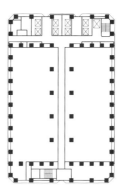

Standard Floor Plan S=1:1000

ボタニカルタワー（ヘイダックタワー）

ジョン・ヘイダックが1991年にベルビス公園のランドマークとして設計したものの、この場所での実現には至らなかった。この双塔は、南北に伸びる地形に沿った公園の北側入口に配置されており、都市と公園を結ぶ門の役割も果たしている。高さは24mで、正方形の底面は上に行くに従って1辺が7.2m、4.8m、2.4mと1/3ずつ減少する。立面においても、外壁や窓、ドアなどの開口部まで、3の倍数で構成された正

Botanical Tower (Torres Hejduk)

方形のモジュールが用いられている。この幾何学的に抽象化された双塔は、サンティアゴ・デ・コンポステーラ大聖堂の比喩でもあり、石造りの不透明な塔（受付）とガラス造りの透明な塔（温室）という異なる素材を用いることで独自の特徴を持ちつつ、対称性が強調されている。彼の死後、ピーター・アイゼンマンの提案により、ガルシア文化都市内にヘイダック記念塔として建設された。

Site Plan S=1:4000

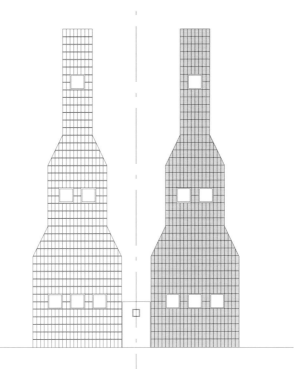

Elevation S=1:300

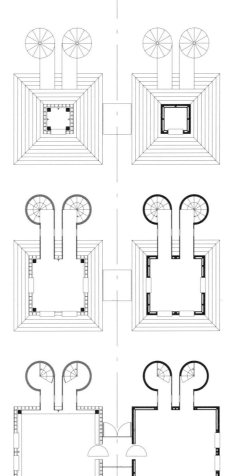

3rd Floor Plan S=1:300

2nd Floor Plan S=1:300

Ground Floor Plan S=1:300

19 劇場の軸

コロッセオ

古代ローマを象徴する世界最大の円形闘技場は、ウェスパシアヌス帝の治世下で70年頃から建設が始まり、息子ティトゥス帝の治世下で80年に完成した。楕円形の構造で、長径188m、短径156m、高さ48mである。観客席は4層構造で(後に5階を増築)、1階が貴賓席、2階が騎士、3階が裕福層、4階が一般市民席となっており、推定で5万人を収容できたと言われている。地上には80箇所の入口があり、そのうち

4つ歯所が貴賓専用で、正面入口と北側には皇帝日専用であった。また、北側に設けられた皇帝席は、終日直射日光が当たらないように設計されていた。中央のアリーナは87m × 55mで、周りを5mの壁に囲まれ、その下には剣闘士の控え場所を兼ねた2周の地下が設けられた。この地階は、長軸に沿ったたくさんの光源路と12の曲線状の回廊で構成され、貨物用エレベーターも備えられていた。

Colosseum

Theater Axis

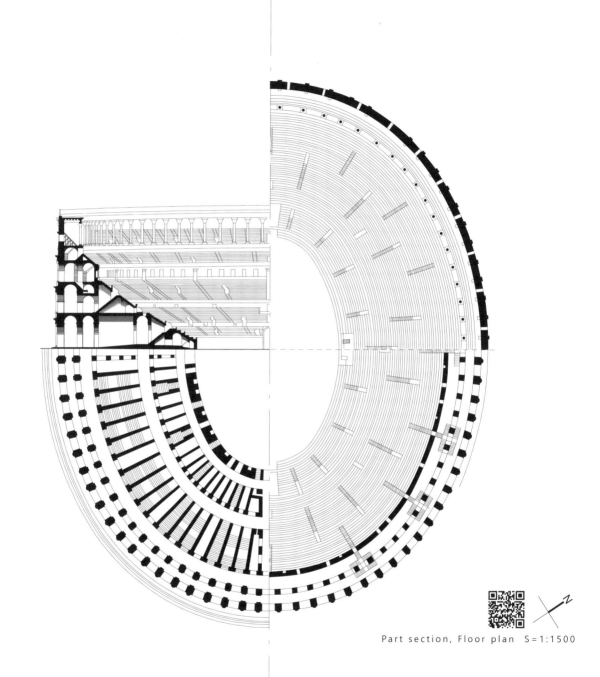

Part section, Floor plan S=1:1500

テアトロ・オリンピコ

古代ローマの屋外劇場を模して造られた、世界で初めての屋内劇場である。この劇場は、パラーディオによる最後の設計であり、彼の死後に完成した。中世に建てられた城塞内の奥行きの浅い空間を再利用しているため、半円形の座席を楕円形にすることでステージと座席を収めている。この劇場の最も注目すべき要素のひとつが、パラーディオの死後にプロジェクトを引き継いだスカモッツィによる舞台背景である。

Teatro Olimpico

この舞台背景はローマの凱旋門に影響を受けた広場を表現した前舞台と7つの廊下で構成されている。廊下は、実際には数メートルの奥行きしかないが、強制遠近法を用いることでギリシャの古代都市の街並みが地平線に向かって遠ざかっていく様子が再現されている。観客席からは、この街並みが必ず1つは見えるように計算されて配置されている。

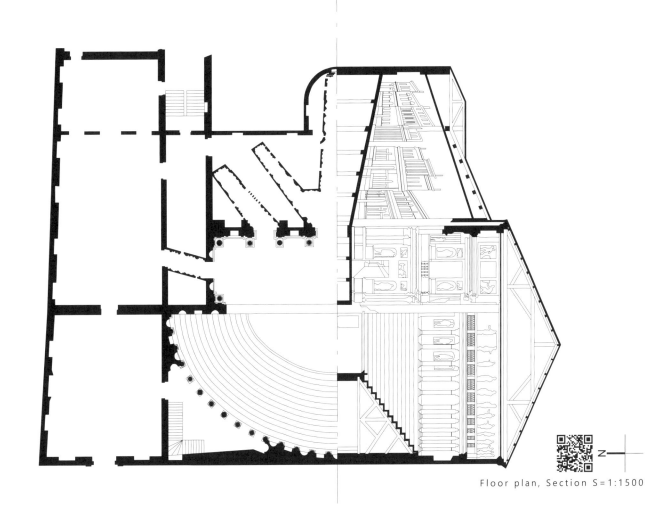

Floor plan, Section S=1:1500

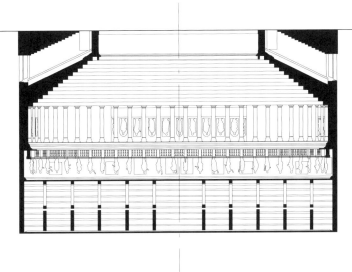

Section S=1:1500

20 視覚の軸線

Axis of Vision

厳島神社

Itsukushima Shrine

有機と建築は海からの強い出口に向かって、本殿・幣殿、拝殿、祓殿、高舞台、平舞台と社殿の主要な建物が立ち並び、平舞台の火焼前の延長線上の海の彼方に大鳥居が建つ。海上の大鳥居から海に社殿を眺めると、側面の中に御山が姿を現わし、その水面に浮かぶ海鏡が強まりる。厳密には左右対称の構成を成してはならず、本殿・拝殿は単に中心軸に本殿と拝殿・幣殿が縦ズレ

て配置されている。これは本殿・拝殿と幣殿とを重軸に鐘ぎかけてその中軸としている。祓殿・拝殿・幣殿（雅の垂木階段の部分）の中央に、西側のスペースの柱（床側）を植いたがけで中軸としている。建物はこの中軸に合わせて配置されているので、建物自体は軸上にずれることになる。その非対称を構成から直線がある。海上から見ると海上の鳥居の視線があり、境界・境界。中間の海に目を置くと、海の彼方の諸国・諸都市の運動が配置されていることがわかる。

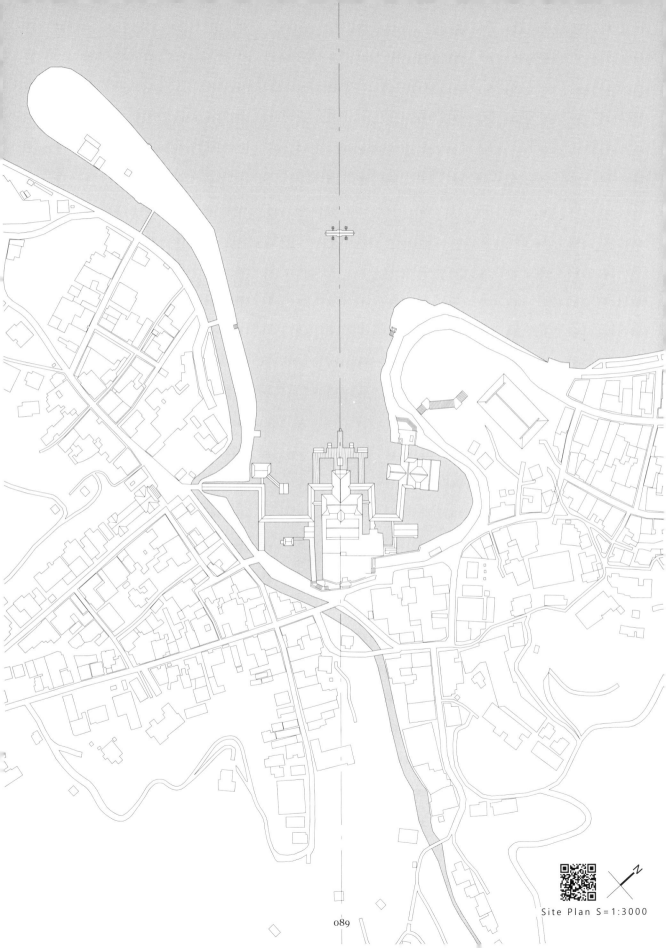

Site Plan S=1:3000

広島平和記念公園

丹下健三（他三者）は「広島市平和記念公園及び記念館競技設計」において、原爆ドームを起点に予定されていた平和大通りに直交する軸線を定め、慰霊碑・広場・記念館を配置する案で1等になった。その案を基に造られたそれらの建造物は、平和大通りから平和記念資料館のピロティ・原爆死没者慰霊碑のアーチを通して原爆ドームまでがまっすぐな軸線を構成するように完成している。平和記念資料館の中央ピロティ手前に立つと、ピロティの柱と2階の建物にフレーミン

Hiroshima Peace Memorial Park

グされて原爆ドームの姿がしっかりと見える。平和記念資料館を過ぎて原爆死没者慰霊碑までの広場は軸線中央に通路が延び、そこを進むと原爆ドームと原爆死没者慰霊碑がその比率を変えながらずっと見えている。原爆死没者慰霊碑の前に立つと、アーチにフレーミングされてその中に原爆ドームがすっぽりと納まる。このようにこの軸線は視線として施設の存在感を制御している。

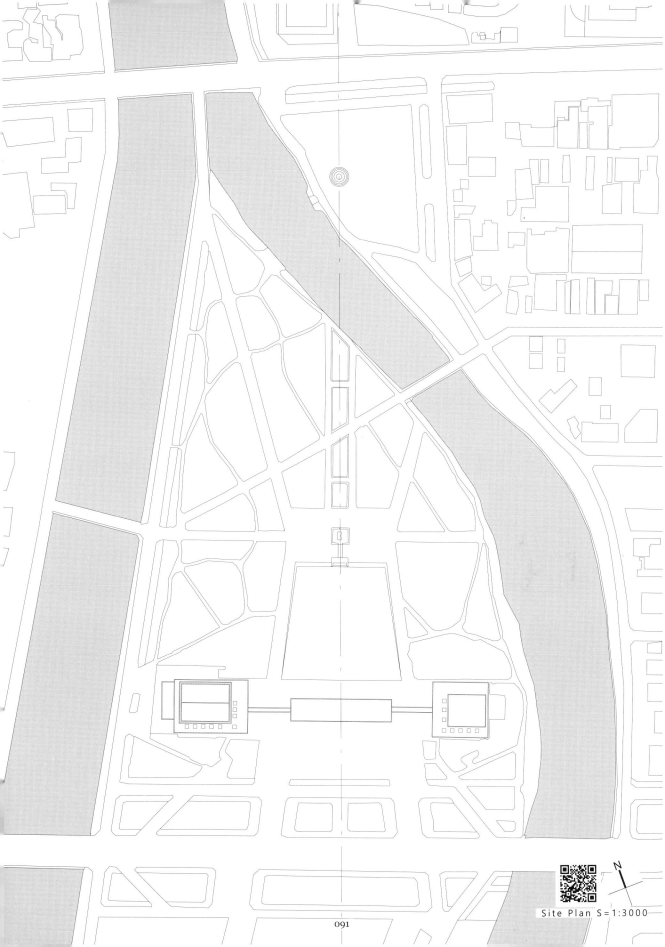
Site Plan S=1:3000

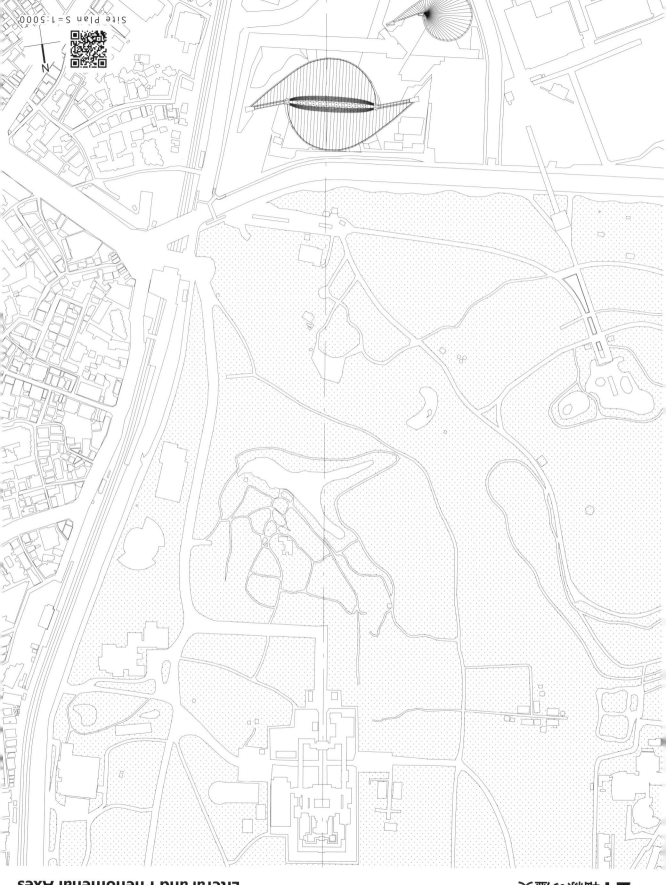

21 軸線の帰来

Literal and Phenomenal Axes

Site Plan S=1:5000

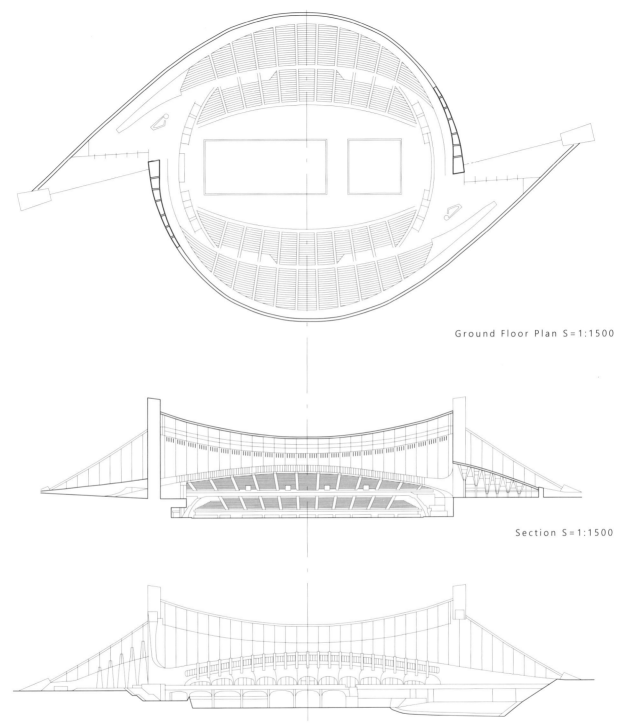

Ground Floor Plan S=1:1500

Section S=1:1500

Elevaition S=1:1500

明治神宮内苑（国立代々木競技場　第一体育館）

Meijijingu Naien (Yoyogi National Stadium)

広島平和記念公園でもそうであったように、丹下健三は国家事業規模のプロジェクトでは配置計画を重視し軸線を利用することが多い。戦後の復興を世界に示す東京オリンピックの競技場の設計でも、計画地の北隣に位置する明治神宮の社殿の向きから軸線を延ばし、その軸線上に軸に直交するように第一体育館が建てられた。2本柱の吊り構造型の構造があたかも神宮社殿に対して巨大な鳥居であるかのようにも思える。しかし明治神宮は鬱蒼とした神宮の森の中に位置するので、広島平和記念公園とは違って、視線的・体験的に軸を認識することはできない。明治神宮内苑の南参道、西参道、北参道の3つのアプローチも社殿の方向とは無関係に神宮内苑の森の中を周囲をとりまくように巡るので、そもそも直線的な軸線が外部に延びているわけではない。代々木体育の軸線は、あくまでも想像された概念的なものである。

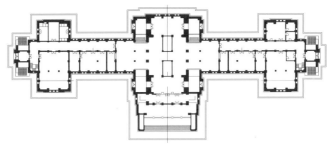

Ground Floor Plan S=1:1500

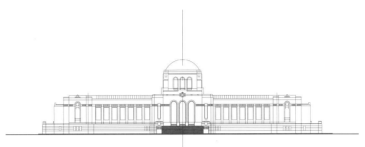

Elevation S=1:1500

明治神宮外苑（聖徳記念絵画館〜銀杏並木）

3つの参道のみから入り鬱蒼とした森の中を曲がりながら到達する内苑の明治神宮とは逆に、どこからでも入れる外苑の聖徳記念絵画館の正面には明確な軸線が通りまっすぐなアプローチが延びている。青山通りの青山口から外苑の周回道路まで、円錐形にきれいに刈り込まれた銀杏並木が、左右それぞれ等間隔に規則正しく300m程続いている。周回道路奥に位置する絵画館の手前は野球場・広場で、銀杏並木の周辺には高い建物が無く、聖徳記念絵画館のドーム屋根までがすっ

Meiji Jingu Gaien (Meiji Memorial Picture Gallery)

きりと見通せる視覚の軸線が景観をつくっている。左右2列の銀杏並木の中央は4車線の車道で、歩道は出雲大社の松の参道と同様に左右それぞれの2列の銀杏の間で、季節それぞれに快適な散歩道となっている。銀杏の樹高は青山口側が高く周回道路側では低く絵画館までがより遠く見えるように遠近法の調整がされている。なおこの記述が過去形になるかもしれない再開発計画が進行している。

22 空間軸

Spatial Axes

ジャンタル・マンタル (ジャイプル)

Jantar Mantar

18世紀前半、ジャイ・シング2世はインド北西部に5つの天体観測施設を建設した。その中でも最大の施設がジャイプルにあり、約20体の観測儀から構成されている。この施設で特に目を引くのは、高さ27mの巨大な直角三角形の壁と円弧を描く翼部をもつ「サムラート・ヤントラ」である。この観測儀の中央にある三角形の斜辺は北極星に向けられており、両翼の円弧は三次曲面を描く赤道儀で、2秒単位で時間

を計測できる日時計にもなっている。隣には、12体の小型の観測儀「ラーシ・ヴァラヤ・ヤントラ」が設置されている。これらは黄道上の12の星座を指しているため、それぞれ異なる向きと角度をもっている。その他にも、太陽や月の高度と方位を計測するなどさまざまな観測儀が建てられているが、これらは観測目的に基づいて計算された幾何学的形態で構成されており、伝統的な様式や装飾は施されていない。

Site Plan S=1:1500

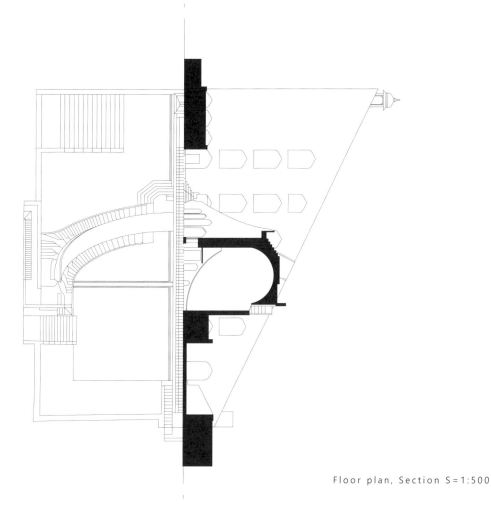

Floor plan, Section S = 1:500

宗像／沖ノ島

九州北端、宗像地域に位置する沖津宮、中津宮、辺津宮の三宮を総称して宗像大社という。天照大御神を母とする田心姫神、湍津姫神、市杵島姫神の三女神が祀られており、辺津宮の市杵島姫神を主祭神として朝鮮半島へ向かう古代の海路（＝北海道中）のほぼ60km離れた、かつて対馬海流で海上交通として信仰された。最も沖に位置する「沖津宮」としてその対象自体が神体となっている。九州本土から信仰されてきた。

宗像大社の三宮は1本の軸線上に配置されている。沖ノ島を起点とする、湍津姫神を祀る筑前大島の中津宮、そして市杵島姫神を祀る本土（宗像市田島）の辺津宮は、東へ向かう海岸線を通る本土、道ぐ側に位置する沖ノ島から少しずれたこの軸線上に位置している。中津宮については、島から本村集落を通る道に沿って海岸側に位置している。また、沖ノ島の祭祀の役割を果たす神職は儀礼上に位置し、天然記念物のこの軸線上に配置されている。鳥居や御門は、天然記念物のこの軸線上に配置されている。

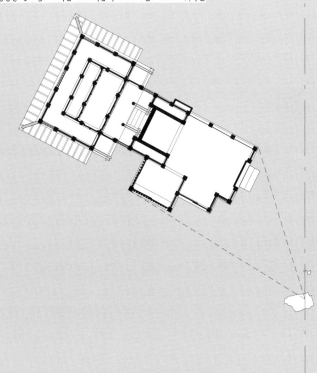

Okitsugu Ground Floor Plan S=1:200

Munakata ~ Okinoshima

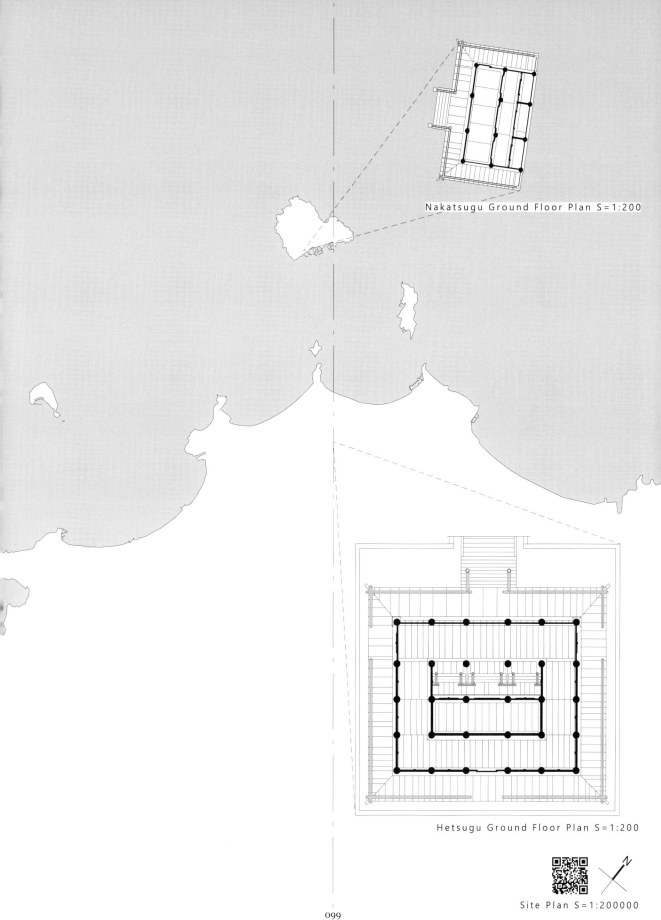

Nakatsugu Ground Floor Plan S=1:200

Hetsugu Ground Floor Plan S=1:200

Site Plan S=1:200000

23 寺院遺跡の形式

Forms of Temple Ruins

ボロブドール

インドネシアのジャワ島中部に位置し、8世紀後半から9世紀前半にかけてシャイレーンドラ朝によって建造された大乗仏教の遺跡である。後述のアンコール・ワットと並び、世界最大級の仏教寺院の一つである。アンコール・ワットが伽藍をもつのに対し、ボロブドゥールはストゥーパ（仏塔）としての特徴がある。東西南北に正確に向いており、それぞれの軸線上に階段が設けられている。東側の入口からは、寺院同士を結ぶ参道があったと考えられている。構造は、一辺約120mの方形の基壇の上に、基壇と同じ形の5層の中壇、さ

Borobudur

らにその上に3層の円形の上壇からなる合計9層（高さ約35m）の階段ピラミッド状の形をしている。この構成は、それぞれ基壇が「欲界」、中壇が「色界」、上壇が「無色界」を表現しているとされる。基壇と中壇には経典を元にしたレリーフが刻まれており、上壇には中央の大ストゥーパを中心に72基のストゥーパが三重の円環状に配置されている。このように、寺院全体が仏教の宇宙観を表す曼荼羅や須弥山を模したものとされている。

Site Plan S=1:2000

アンコール・ワット

Angkor Wat

12世紀にクメール王・スーリヤヴァルマン2世によってヒンドゥー一族寺院として建立され、16世紀後半には仏教寺院として改修された。アンコールの寺院遺跡の中でもひときわ雄大さを誇る、アンコール・ワットは西側に建てられている。寺院の周囲は幅190mの濠に囲まれており、東軸上の参道を渡ると西門から本殿まで350mにおよぶ参道が延び、途中には経蔵と蓮池が左右対称に配置されている。背後には十字形テラスと楼門があり、本殿は中央祠堂を軸に三重の回廊が巡らされている。インド叙事詩などの浮彫が施されている。

リーフが施されている第一回廊は東西200m、南北180mの長方形で、第一回廊と第二回廊の間は十字形回廊で結ばれている。運下式配水池で第二回廊は東西115m、南北100mの長方形に、4棟の瞑想堂を結ぶ第三回廊は一辺60mの正方形だ。運下式配水池で第二回廊は高さ65mの瞑想堂より13m高くなっている。中央に尊像が安置され、瞑想堂は天海を模したもので、寺院全体はメール山(=須弥山)を、濠は大海を表しているといわれる。

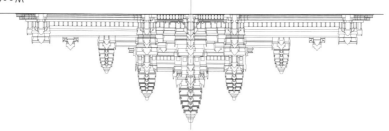

West elevation S=1:2000

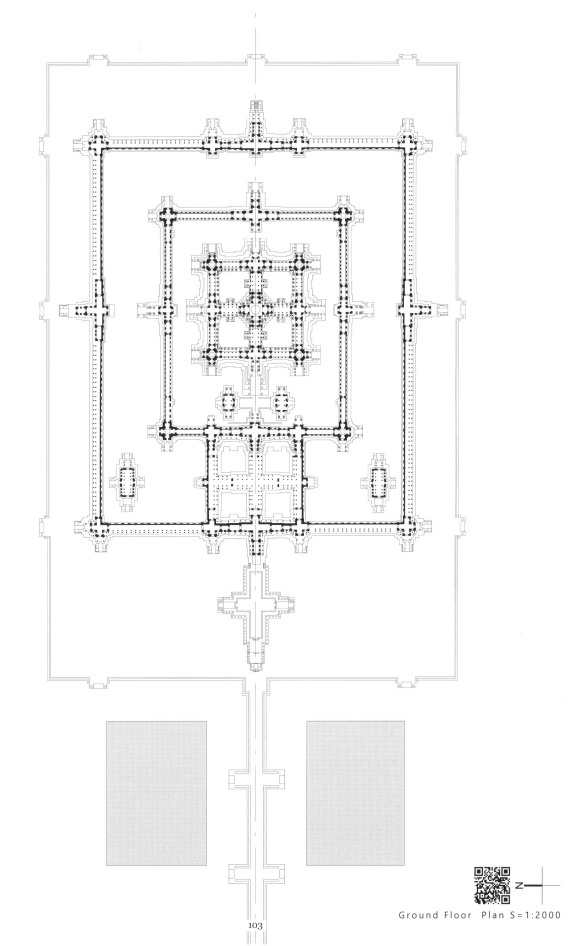

Ground Floor Plan S=1:2000

24 階段による参道軸
Axis of Approach by Stairs

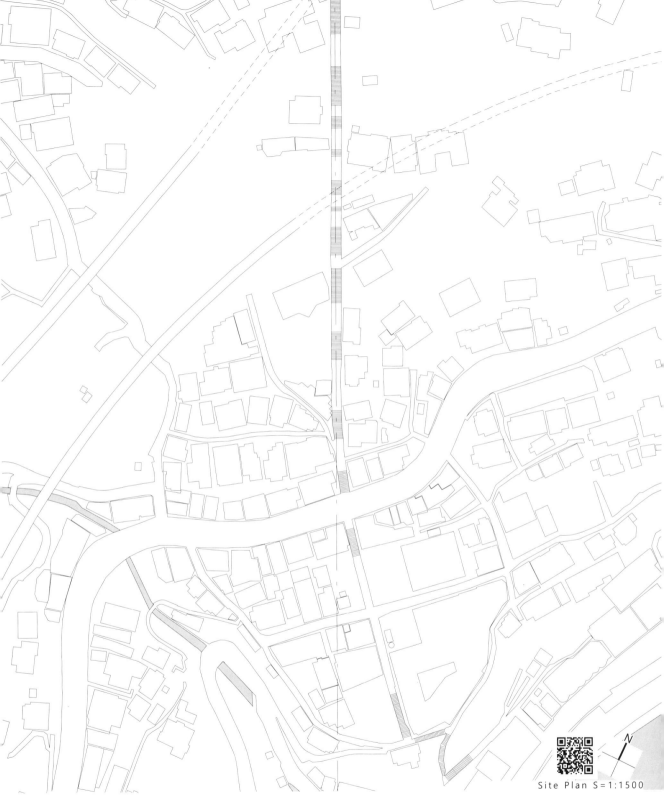

Site Plan S=1:1500

伊豆山神社

Izusan Jinja

熱海市の伊豆山神社は、源頼朝と北条政子の逢瀬の場として有名だが、山間にある本殿と海岸近くの源泉（＝走湯神社）を結ぶ、直線状に長く続く階段状の参道は極めて特徴的である。本殿から海辺の伊豆山浜まで、その石階段は全体で837段あり、その間には2本の市道と1本の国道が横断し、地下では2本の鉄道（東海道本線及び新幹線）が通っている。参道を構成する石階段は、一段ごとに幅、蹴上、踏面、それぞれ微妙に異なっており、その参道に直接面していくつかの民家や茶屋がある。本殿脇の郷土資料館からさらに山道を上った先には本宮がある。

猪名川霊園
Inagawa Cemetery

約15haの山間の東南向きの急斜面の土地に、鱗壁状に造成された1万区画の墓所がある。礼拝堂と中庭を各参道・休憩棟から鑑賞園の綱景楼に向かって、スロープ状に曲がりくねった連参道の階段が約450mに及び直線状に貫く。直線参道の最下端部にある参道・休憩棟のラインに対して交互に非対称の形状をもたせ、閉鎖的な連接棟の連続に表情を持たせたうえに、建物本体の直線的な墓地群の有所にめりはりをつけることで、鑑賞ランドスケープの一体化を図ろうとするものである。

Site Plan S=1:1500

Axes for Solstice and Equinox

25 / 隔轴

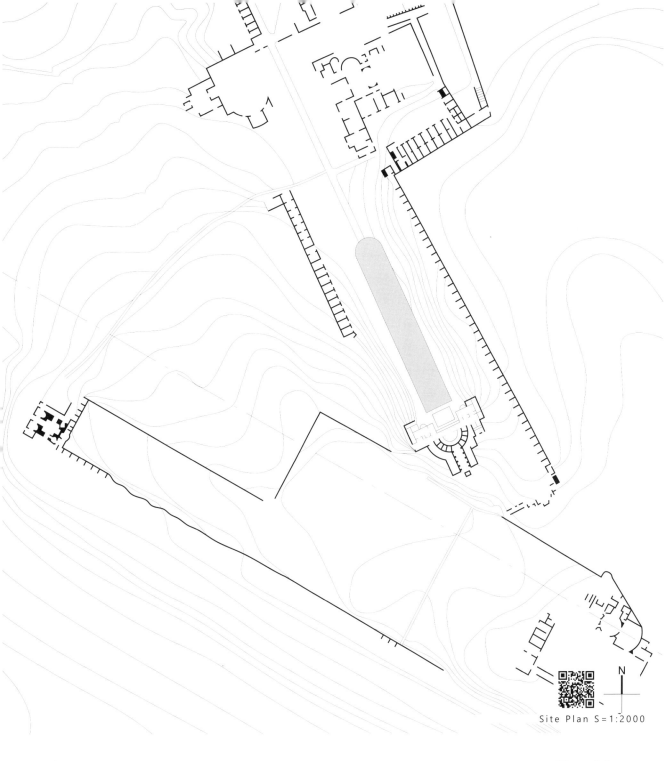

Site Plan S=1:2000

ヴィラ・アドリアーナ

ローマの五賢帝のひとり、ハドリアヌス帝によって建設されたローマ近郊のティボリの村の麓に位置する巨大な複合施設である。皇帝の遠征の思い出が、それぞれ対称形をもつ大型の建物とともに、現されており、北東部に位置する「海の劇場」は円形の島部分で直径20mあり、図書館、客人を迎える住居、軍団の逗留地などの複合体を関係づける円形のピボットとなる。細長い池である長さ100mの「カノプス」は、皇帝の愛人アンティノウスの終焉の地であるナイル川を模したものであり、メイン施設となる大浴場へと向かって広い敷地のおおよその南北方向を指す。最南端に位置するアポロン神殿とアカデミアは、冬至の日の出方向と夏至の日の入り方向を結ぶ直線に、沿って配置される。北西側に同じ方向を向いたロッカブルーナの砦とともに、冬至と夏至に合わせた太陽軸を形成している。

Villa Adriana

江之浦測候所　Enoura Observatory

神奈川県と静岡県の堺にある海に面した斜面地に建てられた、美術家・杉本博司が主宰する新素材研究所による庭園美術館である。京都の円通寺庭園や、ダニ・カラヴァンのパサージュなど、杉本の記憶の中の事物が参照され、日本版の「ヴィラ・アドリアーナ」が意図された。中でも、夏至の日の出、

春分・秋分の日の出、冬至の日の出のために用意された三つの細長いパサージュは、季節がつくる3つの軸をそのままに敷地に適用している点で、ハドリアヌスのヴィラにおける季節軸が増幅されているといえるだろう。

Site Plan S=1:1000

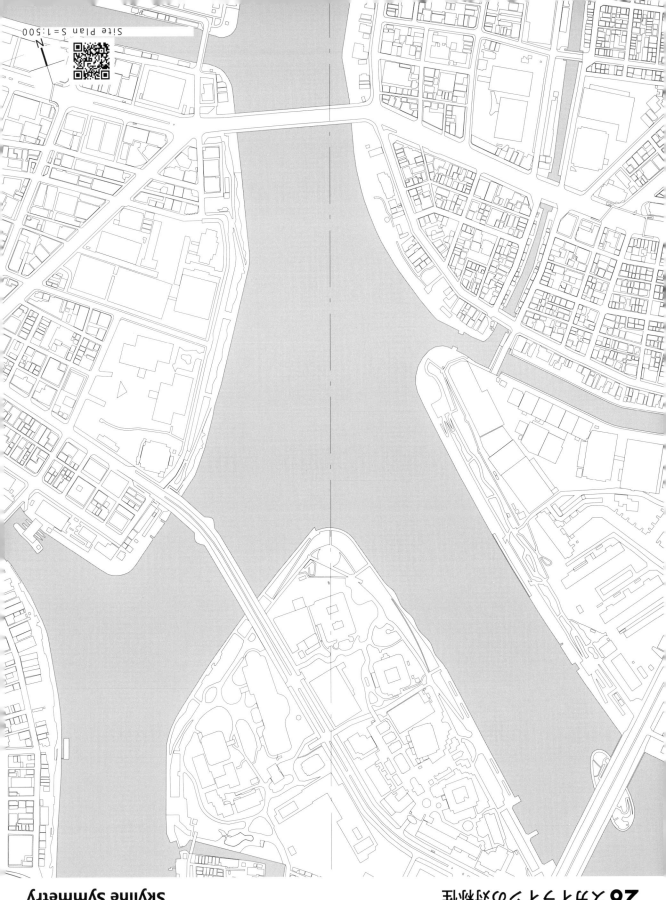

26 スカイラインの対称性

Skyline Symmetry

Site Plan S=1:500

大川端リバーシティ 21

隅田川下流の大川端エリア、月島地区の北東端に位置する超高層マンション群は、20世紀末から21世紀初頭にかけて大規模開発された住宅団地で、東京のウォーターフロント開発や、湾岸地区に林立するタワーマンションの先駆けのエリアでもある。石川島播磨重工業の工場跡地を三井不動産と日本住宅公団が買収して、約1haの敷地を一体開発した。民間（賃貸／分譲）及び公営のマンションのほか、小中学校、オフィス、スーパー、スポーツジムなどがある。隅田川に架かる永代橋の欄干からは、水面の向こうにマンション群のスカイランが一望できるが、手前の54階建のマンションと、後方のマンション群によって構成される非対称的（＝アシンメトリー）なパースペクティブが見える。各建物の設計年代の違いによって、それぞれのファサードデザインが微妙に異なっているのが面白い。

Okawabata River City 21

晴海フラッグ　　　　　　　　　　　　　　　　　　　　　　Harumi Flag

東京中央区の晴海地区の南西端に位置するマンション群は、2021年に開催された東京オリンピックの選手村として建設された集合住宅を民間に払い下げして改修して分譲した約1000戸の住宅団地である。このエリアは20世紀末まで、国際見本市やモーターショーなどの大型イヴェントが行われた埋立地で、その後、晴海客船ターミナル（1991）や中央清掃工場（2001）などが建てられた。そのマンション群をレインボーブリッジ側の東京湾から望むと、地区の中央を走る街路空間を対称軸として、ほぼ正対称のスカイラインを構成しているが、南向きを優先させるような、いわゆる南向き神話の強い日本の集合住宅においては、やや強引なアーバンデザインであるといえる。

27 宮殿と庭園の軸 / Axis of Palace and Garden

Site Plan S=1:25000

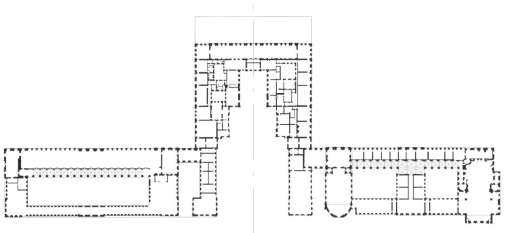

Floor Plan S=1:2500

ヴェルサイユ宮殿

Château de Versailles

パリの南西約20km離れた王家の狩猟場であった場所に、フランス王ルイ14世によって17世紀後半に建てられた宮殿及び庭園。主な建物はル・ヴォー、マンサール及びル・ブラン、庭園はル・ノートルによる設計。約1000haに及ぶ敷地は、パリの歴史軸（＞No.29）とほぼ平行する東西方向の軸線によって全体が統合されている。すなわち、宮殿の対称軸、前庭から大運河へと続く約3kmの庭園軸、建物に挟まれた中庭から街へと続く都市軸が重なることで、王の権威の象徴としての空間が創造されているといえる。宮殿の中心部にある＜王の寝室＞は、中庭に向いて2階に位置し、寝室と背中合わせの位置に＜鏡の間＞と呼ばれる大ギャラリーが庭園側に向いて存在する。わずかに傾斜しているように見える庭園内の運河や噴水は、＜マルリーの機械＞と呼ばれる巨大な揚水装置によってセーヌ川の水をポンプアップしたものを水道橋で引き込んだものである。

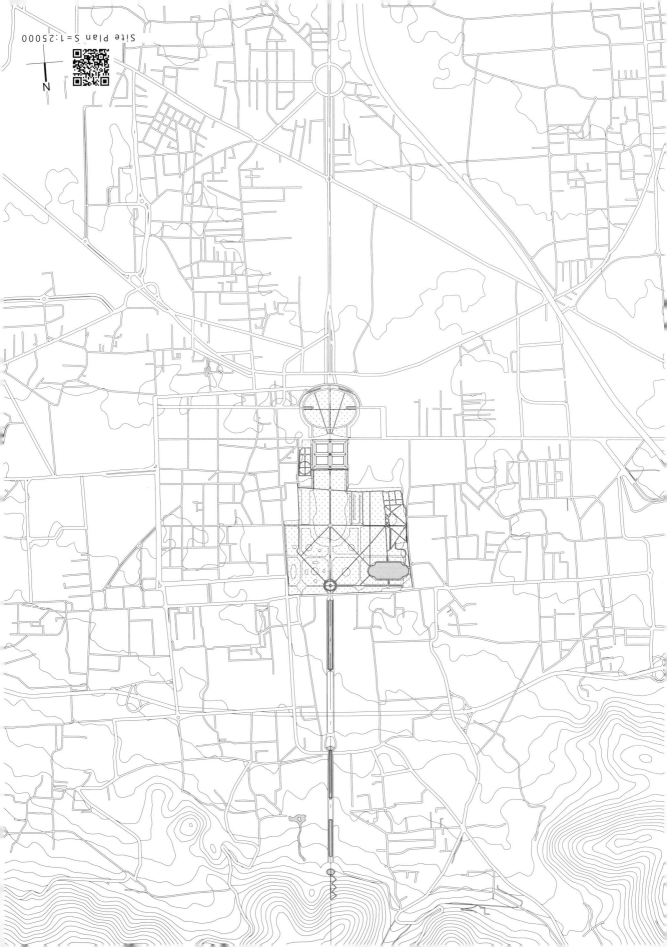

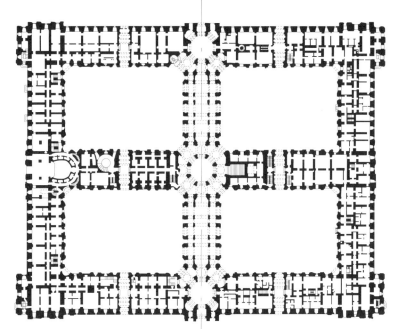

Floor Plan S=1:2500

カゼルタ宮殿

Reggia di Caserta

イタリア・ナポリ中心部から約30km北方にあるカゼルタ宮殿と庭園は、18世紀後半にナポリ王カルロ7世によって、前掲のヴェルサイユ宮殿を意識して造られた。設計者はルイジ・ヴァンヴィテッリ（1700-1773）。約250m×180m×高さ約40mの直方体の外形をなす巨大な王宮内には4つの同形の中庭がある。中央の八角形の大ホールを中心に直交2軸対称の平面をなす。東西の軸上には劇場、礼拝堂、大ホール、大階段が配されている。一方、南北の軸上には、宮殿を貫通するトンネル状の空間（＝ポルティコ）があり、その軸線が宮殿の前後の庭／都市軸へと拡張され、さらにはナポリ市街まで続く。軸に沿って設計された庭園内の水路は、北部の岩肌から流れ出ているように見えるが、背後に続く全長38kmに及ぶ水道橋によってもたらされている。

28 パリの都市軸 Urban Axis of Paris

ルーブル ~ ラ・デファンス

Louvre ~ La Défense

ルーヴル宮殿（＝美術館）、チュルリー庭園、コンコルド広場のオベリスク、シャンゼリゼ大通り、エトワール凱旋門、そしてラ・デファンス業務地区へと続く、パリの歴史建造物等を貫く約8kmの半直線軸である。この軸の方角は、セーヌ川の右岸に隣接するルーヴル宮殿の庭園の空間拡張と宮殿からの視線拡張によって決定されている。この都市軸とその始点であるルーヴルの建物対称軸は約6度ずれており、庭園内のカルーゼル凱旋門の位置で屈曲・連結している。シャンゼリゼ大通りはエトワール凱旋門に向かってやや上り坂となっており、さらにその凱旋門の先には、新装のポルト・マイヨ広場を跨いで20世紀後半から開発が進むラ・デファンス地区の大凱旋門（＝グラン・アルシュ）へと軸線が延伸されている。パリの歴史軸を含め大都市に存在するこうした都市軸は、例えば北京の南北を貫く＜中軸線＞など、支配者の絶対権力を象徴する都市形態であるといえる。

City plan S=1:2000

～ セルジー・ポントワーズ　　　　　　　　　　　　　　　　　　~Cergy-Pontoise

前述のルーヴルからラ・デファンス地区に至るパリの歴史軸は、蛇行するセーヌ川を串刺しにするような方向にあるのだが、その軸線はセーヌの中州の一つである印象派島（＝アンプレッショニスト島）で屈曲して、約15km先のセルジー・ポントワーズ市まで至るように仕組まれている。このイマジナリーな想像軸はイスラエル出身の彫刻家ダニ・カラヴァン（1930-2019）らによって提唱された。パリのニュータウンとして発展したセルジー・ポントワーズ市の中央駅に近接する公営の団地内の円形広場の中央に建つ36mの展望タワーは、パリ方向に約3度傾いている。そこから斜面を下って南方の人工湖に浮かぶ円形広場まで、＜長軸＝Axe Majeur＞と呼ばれる約1kmの直線状の遊歩道（1990年竣工）が続いている。アートによる都市軸の創造の事例である。

29 都市計画の軸
Axis of Urban Planning

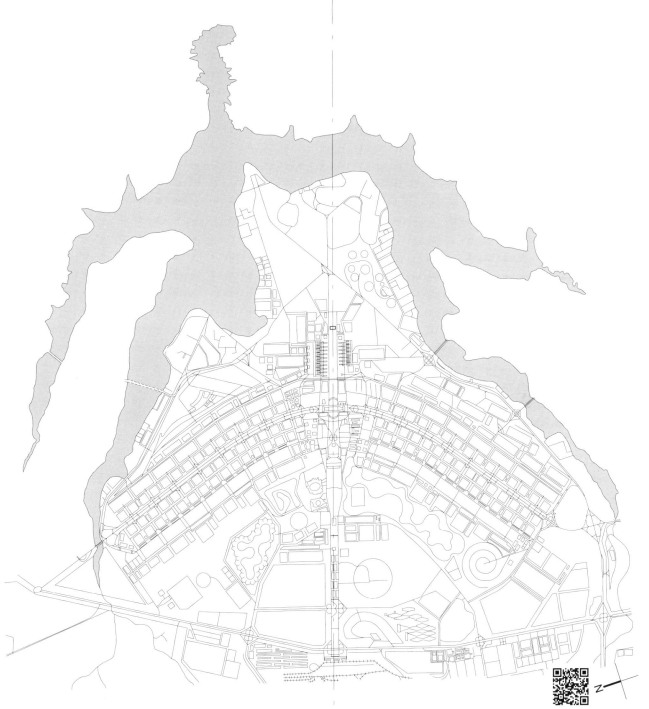

City plan S=1:100000

ブラジリア

Brasília

ブラジルの首都で、ルシオ・コスタの設計により中西部の高原に建設された計画都市である。この地の占有を示す象徴として十字軸を用いたコスタの計画は、しばしば鳥や飛行機に例えられる。南北に弧を描く飛行機の翼に相当する部分は、高速道路・住宅軸である。中央部には高速道路があり、その両側の幹線道路と住宅地区がインターチェンジで結ばれているため、交差点や信号が不要な道路設計となっている。居住区は240m四方のスーパーブロックに分けられ、6階建の集合住宅のほか、日常生活に必要な商店街、教会、学校などが規則的に配置されている。胴体に相当する東西に伸びる広場と大通りは記念碑的軸として、行政、業務、産業、ホテル地区などが整然と区画され、高層ビルが立ち並んでいる。機首にあたる部分には、オスカー・ニーマイヤーの設計による国会議事堂、大統領官邸、最高裁判所で囲まれた三権広場があり、胴体の中央部には、ブラジリアを見渡せるテレビ塔がそびえ立っている。

東京計画 1960

1961年に丹下健三が発表した海上都市計画。東京湾を横断する1本の軸線を脊髄の成長過程になぞらえ、成長と安定の象徴としている。池袋から始まり、築地から東京湾を横断して木更津へと至るこの都市軸は、2本の鎖状道交通システムと帯状地帯の施設で構成されている。黒川紀章が発案した「サイクル・トランス・ポーテーション」と名付けられた鎖状交通システムは、3層構造の高速道路である。下層は環状道路で、中層と上層は右左折を繰り返す螺旋構造となってお

A Plan for Tokyo 1960

り、各層はブラジリアと同様にインターチェンジで結ばれている。帯状地帯は、複数のコアの間をオフィスで繋ぐ「ジョイント・コア・システム」（磯崎新発案）によって構成され、官庁、オフィス、ショッピングエリア、ホテル地区などで区画されている。さらに、この脊髄軸から神経のように広がる形で、居住地区が両翼に展開されている。居住地区は、住居スペースと日常生活に必要な施設が一体化した構造になっている。

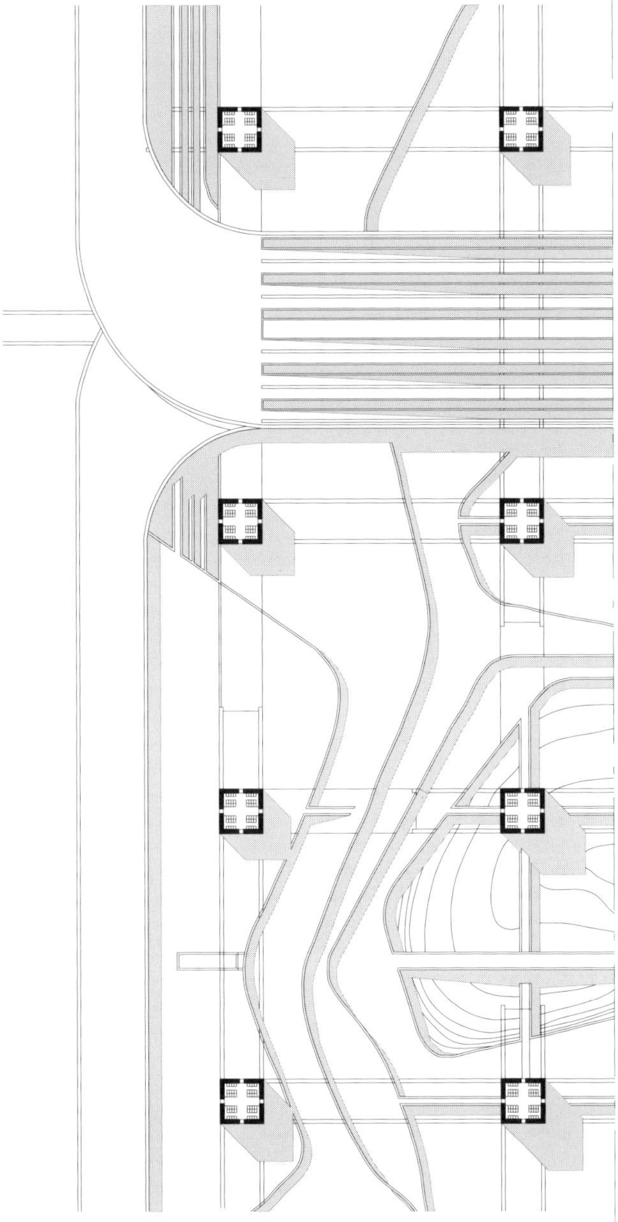

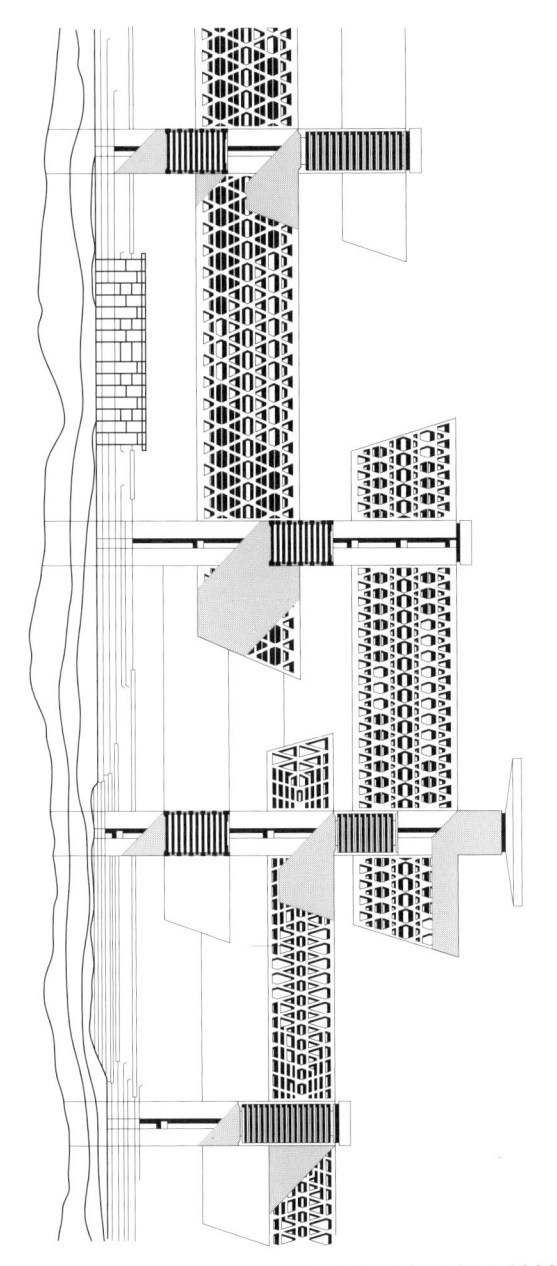

Part plan S = 1 : 5000

Part Section S = 1 : 5000

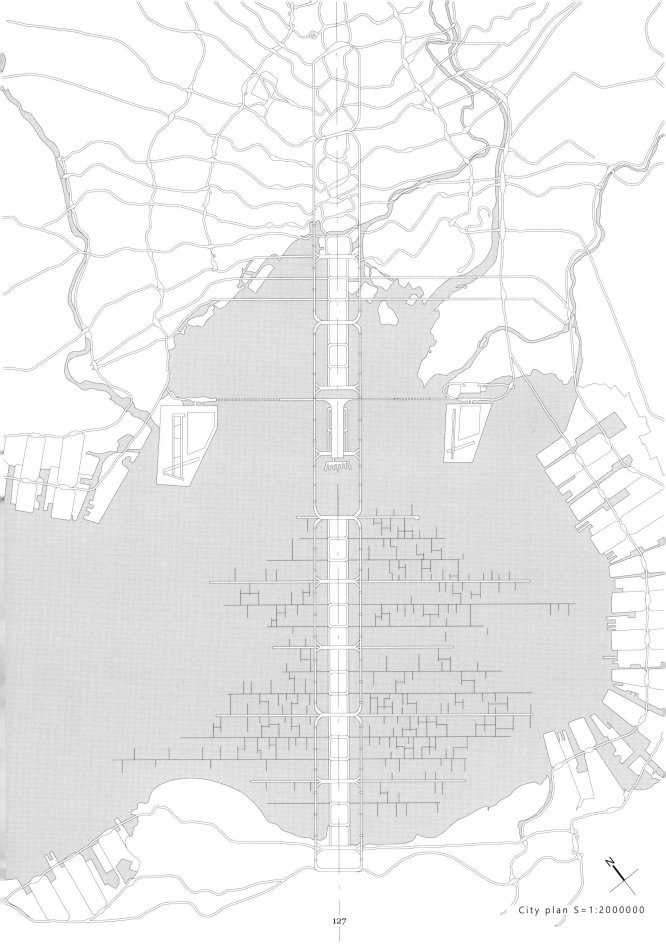

City plan S=1:2000000

あとがき

Afterword

　図研究会は、これまで建築図を対象に、建築の見方・図の書き方・設計の考え方を論じる著作を執筆してきた[*1]。近年発行された『図4　建築のスケール』（東海大学出版会, 2018）では正方形平面、多角形平面、円形平面を一覧化した。『図5　建築と都市のグリッド』（東海教育研究所, 2020）では、建築と都市におけるグリッドをスケールの小さいものから大きいものへと順番に並べている。シリーズ第6冊目となる『図6　建築と都市の軸・対称』は、建築・都市における"軸性"と"対称性"を扱うため、これまでの著作と異なり、縦読みとなっている。それぞれのテーマごとに2つの事例を対照させており、見開き2頁において、どのような類似がみられるか、おおよそ同一スケールで論じている。建築設計教育のヒントとして活用するのもよいし、眺めて楽しむのもよいだろう。

　前2冊と同様に、実現された建物における普遍的な形式である「シェマ」[*2]が認知できるような図集である。クリスチャン・ノルベルク＝シュルツはあらゆる場所には方向が定まっているとし、場所を定める"求心性"と、方向を定める"長軸性"を論じている[*3]。ノルベルク＝シュルツの論を参照するなら、本書は"長軸性"の中に、2つの似た建物を対照させ、それぞれの軸線の具体的な相貌をみている。

　ところで、"軸性"とは、耳慣れない言葉かもしれない。ここでの建築の"軸性"とは、建てられる前の計画が、人間の身体と関連付けられる瞬間にあらわれる性質としてみている。建築の"軸性"に

ついていくつかの性質を記述してみたい。

・平面上の軸であり、人間の視野を基準とする。
・まっすぐな道のアナロジーとして、人間の身体を定位する。
・視野上に見えているモニュメントへ向かったパースペクティブは"ヴィスタ"と呼ばれる。
・ヴィスタは政治権力を表象しやすい。

　軸性は、都市計画のスケールへと拡張されると、たちまち政治的な権力を表象する手法となる。こうした軸の強調は、グリッド状に定められた都市である長安の朱雀大路、のちの西安における城壁内の都市軸にもみることができる[*4]。西安・鐘楼（図1）は、東西南北に配されたグリッド状道路の交差点の真ん中に位置し、現在は巨大な環状道路の中心に鎮座している。建物は方形屋根・正方形平面をもち、四面対称に近い。歴史的モニュメントが、ヴィスタの中心として、自動車動線の目印になるという点は、パリのエト

図1　西安・鐘楼

ワール凱旋門（図2）とも比較できるだろう。

　寺院、神殿、宮殿、ブールバール、軸性による権力の表象は、古今東西広く見られる。フランスでは、「ヴェルサイユ宮殿」や「カゼルタ宮殿」（No.27）に見られる土木・治水スケールと建築のスケールを組み合わせた大庭園、ナポレオン3世とオースマン男爵によるパリの都市改造、「パリの歴史軸」や「長軸（グラン・マジュール）」（No.28）などの大都市計画が挙げられる。「ブラジリア」（No.29）などの大規模な新首都計画に適用された。ル・コルビュジエもまた動線上の「軸」を一貫した興味のもと追究した人物であり、「スタイン邸（ガルシュの家）」（No.11）など敷地外から建物にアプローチする際に、軸線のずれを意識的に用いた[*5]。毛綱毅曠の「釧路市立博物館」では、段状のひだが床面と天井面に上下対称に置かれた独特の対称性・軸性が展開される（p.004）。

　建築家にとって、軸性と対称性は、建築の外形における自らの意図を伝える強力な道具となる。見えない線は、ひとたび認識されるや否や、新しい方位として、独自のモニュメンタリティを獲得する。シクストゥスV世による「ポポロ広場」はバロック的なヴィスタの途中に、双子教会と呼ばれる、2つのよく似た教会を左右に配することで、都市の軸性だけでなく建築の対称性が強調されている（図3）。

　軸性・対称性のもつモニュメンタリティを活用したのが丹下健三である。「広島平和記念公園」（No.

図2　エトワール凱旋門

図3　ポポロ広場の双子教会

20）は、原爆ドームとアーチ型のモニュメントを結ぶ線を中線として細長い建物を配置した。「東京計画1960」（No.29）では、東京湾に引かれた軸上に自動車道路を配することで、ロジスティクスの高度な組織化を象徴として扱っている。丹下の弟子である磯崎新もまた、特別なコンテクストのほとんどない場所において、既存の土木構造物を参照し、軸性と対称性を付与した美術館「西脇市岡ノ山美術館」（No.08）を設計している。

　"軸性"は、人間の体験以外にも、形式そのもの

のもつ補助線、"対称軸" として現れる。建築の "対称性" には次のような特徴がある。

・左右対称に分割できる平面図、立面図、展開立面図をもつ。
・大スケールになると政治権力を表象しやすい。
・平面上の場合、"軸性" と "対称性" は明確に区別できないことがある。

　建築の対称性は、象徴の付与や設計的操作の合理化だけでなく、施工の合理化にも関わっている。ピエール・ヴィットーリオ・アウレーリによれば、左右対称の構成は、古代の建設より大人数で施工するためのコミュニケーションとしての生産の合理化と密接に関わっていた[*6]。例えば、ナポレオンが創設したエコール・ポリテクニーク（理工科学校）で教鞭を執ったジャン・ニコラ・ルイ・デュランによる軍事技術者向けの設計手法は、建築を各部分に分け、軸性と対称性をグリッド状の基準線に定めたうえで、早く簡便に建物を設計する手法として、設計の合理化を図った事例である（図3）。ジャン・プルーヴェの「BLPS週末住居」や「BCC住宅」（No.02）は、同一の部品による組み立て式の小屋において生産の合理化を図ることで、対称性が生まれた事例である。伊勢神宮は、隣り合った2つの同じ形状の敷地において、20年おきに建て替えられるものであるが、2つのよく似た建物を交互に建て替えることは、いつかは朽ちてしまう建物において、最大限の生産の合理化と技術の継承を図った事例といえるかもしれない。「ボロブドゥール」や「アンコールワッ

ト」（No.23）においては、正方形平面が東西南北に面し、巨大なモニュメントのつくる地理条件が、方位と対応している。

　左右対称に構造壁や柱が配された建物は、構造的にも安定である。ジャック・リュカンは、モダニズム以前に隆盛を極めたボザールの建築教育において軸性と対称性が重視された手法を「クローズド・オーダー」と呼び、20世紀以降主流となった非対称配置による「オープン・オーダー」とのせめぎあいを構成の問題として論じている[*7]。

　20世紀に「クローズド・オーダー」いうべき軸性と対称性を意識した幾何学の手法を論じた人物に、アルド・ロッシがいる。「○」「△」「□」といった幾何学的コンポーネントを一直線上に配置し、中心を通る動線を設けた[*8]。こうした「加算の手法」と呼ばれる手法は、まず軸線を設定し、左右対称に幾何学立体を配する操作であり、「ヴァッシヴィエール島の国際芸術景観センター」（No. 12）などで適用された（図3）。左右対称の構成のうちに、軸上の動線を設け、美術館の軸性・対称性を人々の動きに合わせる。「ファニャーノ・オローナの小学校」（No. 09）はキューポラのある中庭と外階段、煙突を並べ、学校というプログラムに、軸と対称性を用いて象徴を付与することを意図していた。

　大型の建築や都市計画にかぎらず、住宅建築においても、軸と対称によって象徴性が付与された建築が多く設計されてきた。限定された敷地条件におい

て、細長いボリュームを置くことで、軸性と対称性によって新しい地形を作り出すような住宅もみられる（No. 07 [粟津邸] + [Haus-012]）。「住宅は芸術である」と説いた篠原一男は、図面の幾何学的なプロポーションに重点を置いた人物であり、「篠さんの家」（No. 03）では平面の左右対称性を極端なまでに強調している。篠原の教え子である坂本一成は、左右非対称の構成をもつ住宅を設計することが多いが、「坂田山附の家」（No. 03）など対称な面のもつ象徴性の強弱を巧みに操作している事例もある。また施主自身が設計に関わった「マラパルテ邸」や、「ヴィトケンシュタイン邸（ストンボロー邸）」（No.06）など、建築内部の対称性を強調した事例も本書では扱っている。

ファサードのスケールが大きいものであれば、人間の視覚の補正によって、建築のもつ図学的なズレに気付かないこともある。「パリ大聖堂」（No.13）のように完全な左右対象にに見えつつも、左右で塔の大きさが異なり非対称となっている事例や、「タージ・マハル」（No.13）のように、ミナレットが外側に傾いているにもかかわらず、垂直に見られる事例もある。数学的な定義による対称性だけでは、建築の経験は説明がつかない。図的な対称性と経験が深く結びついたとき、さまざまな発見が見出される。

人間は、建築や都市の経験の中で軸性や対称性を見つけたとき、見えない直線のもとに定められた特異な感覚の中に、自らを定位する。軸性と対称性は、よく似た建築が2つ並べられ、その間から事後的に見出されることもある（No.18 [青山ツインビル] + [ヘイダックタワー]）。角地に建てられたもの（No.15 [ホンダ本社ビル] + [渋谷109]）や、海から見た外形（No.26 [大川端リバーシティ21] + [晴海フラッグ]）から見つかる対称性もある。また、幾何学形態を配置する際に生成する対称性を軸性と見立てて、既存環境と関連付ける手法もある（No. 16[アルディート・デジオ公園] + [ポンピドゥー・センター・メス]）。夏至や冬至の日の出・日の入り（No.25[ヴィラ・アドリアーナ] + [江之浦測候所]）や、島の配置（No.22[宗像〜沖の島]）、太陽の運行（No.22[ジャンタル・マンタル]）など、特別な時刻の方位に関連付けられた建築もある。本書の扱う事例が制作や鑑賞のさまざまなインスピレーションとなれば幸甚である。

*1 以下も参照。竹内宏俊「建築と都市の○□△」,『青塔』(80), 日本工業大学 , 2022, pp.61-66
*2 岸田省吾『建築意匠論』, 丸善, 2012, p.119「シェマは具体的な空間のしきり方を指示するわけではなく、空間文節を秩序付ける基準線を指示するだけである。（中略）分節された空間の関係を示すだけの抽象度の高い図式である。」
*3 クリスチャン・ノルベルク=シュルツ『実存・空間・建築』加藤邦男訳, 鹿島出版会 , 1973, p.50
*4 図研究会『図5 建築と都市のグリッド』, 東海教育研究所, 2020, pp.104-105
*5 KATO, Michio, "Between the Mountains and the Sea- The Landscape Axis of Le Corbusier" , Proc. 11th AFGS , 2017, pp.1-9.
*6 AURELI, Pier Vittorio, Architecture and Abstraction, The MIT Press: Mass. Cambridge, 2023, p.16
*7 LUCAN, Jacques, Composition, Non-Composition, EPFL Press: Lausanne, 2012
*8 片桐悠自『アルド・ロッシ 記憶の幾何学』, 鹿島出版会 , 2024, pp.251-254

作品リスト

List of Works

01. 伊勢神宮／内宮（皇大神宮）| Ise Jingu / Naiku (Kotaijingu)
Mie, Japan, Shikinen Sengu

02. 出雲大社 | Izumo Taisha
Simane, Japan

03. BLPS 週末住居 | Maison démontable en ancier B. L. P. S.
ジャン・プルーヴェ | Jean Prouvé, Anywhere, 1938

04. BCC 組立住宅 | BCC Demountable House
ジャン・プルーヴェ | Jean Prouvé, Anywhere, 1941

05. 篠さんの家 | Shino House
篠原一男 | Kazuo Shinohara, Tokyo, Japan, 1970

06. 坂田山附の家 | House in Sakatayamatsuke
坂本一成 | Kazunari Sakamoto, Kanagawa, Japan, 1978

07. ミュラー邸 | Villa Müller
アドルフ・ロース | Adolf Loos, Prague, Czech Republic, 1927

08. トリスタン・ツァラ邸 | Maison Tristan Tzara
アドルフ・ロース | Adolf Loos, Paris, France, 1925

09. ヴィトゲンシュタイン邸（ストンボロー邸）| Haus Wittgenstein (Stonborough House)
ルートヴィッヒ・ヴィトゲンシュタイン | Ludwig Wittgenstein, Vienna, Austria, 1928

10. マラパルテ邸 | Casa Malaparte
クルツィオ・マラパルテ | Curzio Malaparte, Capri, Italy, 1937

11. ヴィラ・アルメリコ・カプラ（ラ・ロトンダ）| Villa Almerico Capra (Villa La Rotonda)
アンドレーア・パッラーディオ | Andrea Palladio, Vicenza, Italy, 1567

12. スカイハウス | Sky House
菊竹清訓 | Kiyonori Kikutake, Tokyo, Japan, 1958

13. 粟津邸 | Awazu House
原広司 | Hiroshi Hara, Kanagawa, Japan, 1972

14. Haus-012
大室佑介 | Yusuke Omuro, Tokyo, Japan, 2023

15. 西脇市岡之山美術館 | Okanoyama Museum of Art Nishiwaki
磯崎新 | Arata Isozaki, Hyogo, Japan, 1984

16. ヴァッシ・ヴィエール島の国際芸術景観センター | Centre international d' Art et du paysage de Vassivière
アルド・ロッシ | Aldo Rossi, Limousin, France, 1991

17. 東海大学湘南校舎（1号館）| Tokai University Shonan Campus (Building No.1)
山田守 | Mamoru Yamada, Kanagawa, Japan, 1963

18. ファニャーノ・オローナの小学校 | Elemntary School in Fagnano Olona
アルド・ロッシ | Aldo Rossi, Lombardy, Italy, 1976

19. 母の家 | Vanna Venturi House
ロバート・ヴェンチューリ | Robert Venturi, Philadelphia, U.S.A, 1964

20. 第4消防署 | Fire Station Number 4
ロバート・ヴェンチューリ | Robert Venturi, Indiana, U.S.A, 1968

21. スタイン邸（ガルシュの家）| Villa Stein (Villa Garches)
ル・コルビュジエ | Le Corbusier, Paris, France, 1928

22. グランダルシュ | la Grande Arche
ヨハン・オットー・フォン・スプレッケルセン | Johann Otto von Spreckelsen, Paris, France, 1989

23. 糸島の住宅 | House in Itoshima
篠原一男 | Kazuo Shinohara, Fukuoka, Japan, 1976

24. ソーク研究所 | Salk Institute for Biological Studies
ルイス・I・カーン | Louis Isadore Kahn, California, U.S.A, 1963

25. パリ・ノートルダム大聖堂 | Cathédrale Notre-Dame de Paris
Paris, France, 1345

26. タージ・マハル | Taj Mahal
シャー・ジャハーン | Shah Jahan, Uttar Pradesh, India, 1653

27. ヴィラ・バルバロ | Villa Barbaro
アンドレーア・パッラーディオ | Andrea Palladio, Veneto, Italy, 1560

28. 平等院鳳凰堂 | Byodoin Phoenix Hall
藤原頼通 | Yorimichi Fujiwara, Kyoto, Japan, 11C

29. 渋谷 109 | Shibuya109
竹山実 | Minoru Takeyama, Tokyo, Japan, Shikinen Sengu, 1979

30. ホンダ青山ビル／青山一丁目交番 | Honda Aoyama Building / Aoyama 1-Chome Police Box
椎名政夫＋石本建築事務所 | Masao Shiina + Ishimoto Architects, Tokyo, Japan, 1985

31. アルディト・デージオ公園（ポレゼッロ公園） | Parco Ardito Desio (Parco Polesello)
ジャンウーゴ・ポレゼッロ | Gianugo Polesello, Friuli-Venezia Giulia, Itary, 1992

32. ポンピドー・センター・メス | Centre Pompidou-Metz
坂茂 | Shigeru Ban, Lorraine, France, 2010

33. エッフェル塔 | La Tour Eiffel
ギュスターヴ・エッフェル | Gustave Eiffel, Paris, France, 1889

34. ブルジュ・ハリファ | Burj Khalifa
SOM (Skidmore, Owings & Merrill, Dubai), United Arab Emirates, 2010

35. 新青山ビル（青山ツイン） | Aoyama Twin
三菱地所 | Mitsubishi Estate, Tokyo, Japan, 1978

36. ボタニカルタワー（ヘイダックタワー） | Botanical Tower (Torres Hejduk)
ジョン・ヘイダック | John Hejduk, Galicia, Spain, 2003

37. コロッセオ | Colosseum
ウェスパシアヌス＋ティトゥス | Vespasianus + Titus, Wittgenstein, Rome, Italy, 80

38. テアトロオリンピコ | Teatro Olimpico
パッラーディオ＋スカモッツィ | Andrea Palladio + Vincenzo Scamozzi, Veneto, Italy, 1585

39. 厳島神社 | Itsukushima Shrine
Hiroshima, Japan, 11C

40. 広島平和記念公園 | Hiroshima Peace Memorial Park
丹下健三 | Kenzō Tange, Hiroshima, Japan, 1954

41. 明治神宮内苑（国立代々木競技場） | Meijijingu Naien (Yoyogi National Stadium)
丹下健三 | Kenzō Tange, Tokyo, Japan, (1964)

42. 明治神宮外苑（聖徳記念絵画館） | Meijijingu Gaien (Meiji Memorial Picture Gallery)
小林正紹 | Masatsugu Kobayashi, Tokyo, Japan, (1926)

43. ジャンタル・マンタル（ジャイプル） | Jantar Mantar, Jaipur
ジャイ・シング2世 | Jai Singh II, Rajasthan, India, 1734

44. 宗像～沖ノ島 | Munakata ~ Okinoshima
Fukuoka, Japan

45. ボロブドゥール | Borobudur
ダルマトゥンガ | Gunadharma, Java, Indonesia, 792

46. アンコール・ワット | Angkor Wat
スーリヤヴァルマン2世 | Suryavarman II, Siem Reap, Cambodia, 12C

47. 伊豆山神社 | Izusan Jinja
Shizuoka, Japan

48. 猪名川霊園 | Inagawa Cemetery
デイヴィッド・チッパーフィールド | David Chipperfield, Hyogo, Japan, 2017

49. ヴィラ・アドリアーナ | Villa Adriana
ハドリアヌス | Hadrianus, Lazio, Italy, 133

50. 江之浦測候所 | Enoura Observatory
杉本博司 | Hiroshi Sugimoto, Kanagawa, Japan, 2017

51. 大川端マンション群 | Apartment Complex in Okawabata
Tokyo, Japan

52. 晴海フラッグ | Harumi Flag
Tokyo, Japan

53. ヴェルサイユ宮殿 | Château de Versailles
Yvelines, France

54. カゼルタ宮殿 | Reggia di Caserta
Campania, Italy

55. ルーブル～ラ・デファンス | Louvre ~ La Défense
Paris, France

56. ～セルジー・ポントワーズ | ~ Cergy-Pontoise
Île-de-France, France

57. ブラジリア | Brasilia
ルシオ・コスタ | Lúcio Costa, Central-West, Brazil, 1960

58. 東京計画1960 | A Plan for Tokyo 1960
丹下健三 | Kenzō Tange, Tokyo, Japan, 1960

図版出典リスト│Image Source List

○ p.008, 図1　瑞龍寺の伽藍
Google

○ p.009, 図3　長安の軸線
Google

○ p.010, 図4　北京の軸線
Google

○ p.044, Tokai University Shonan Campus
Tokai University

○ p.058, Salk Institute for Biological Studies (Author: TheNose)
This file is licensed under the Creative Commons Attribution-Share Alike 2.0 Generic license.
URL: https://commons.wikimedia.org/wiki/File:Salk_Institute.jpg

○ p.068, Shibuya 109 (Author: Kakidai)
This file is licensed under the Creative Commons Attribution-Share Alike 3.0 Unported license.
URL: https://commons.wikimedia.org/wiki/File:Shibuya_109_-_1.jpg

○ p.084, Colosseum (Author: Jean-Pol GRANDMONT)
This file is licensed under the Creative Commons Attribution-Share Alike 3.0 Unported license.
URL: https://commons.wikimedia.org/wiki/File:0_Colosseum_-_Rome_111001_(4).JPG

○ p.086, Teatro Olimpico (Author: Didier Descouens)
This file is licensed under the Creative Commons Attribution-Share Alike 4.0 International license.
URL: https://commons.wikimedia.org/wiki/File:Interior_of_Teatro_Olimpico_(Vicenza)_scena_.jpg

○ p.088, Itsukushima Shrine (Author: yto)
This image was marked with a CC BY 2.0 license.
URL: https://www.flickr.com/photos/27983255@N00/4309252374

○ p.088, Itsukushima Shrine (Author: Butch)
This file is licensed under the Creative Commons Attribution-Share Alike 4.0 International license.
URL: https://commons.wikimedia.org/w/index.php?curid=45806308

○ p.088, Hiroshima Peace Memorial Museum
Public domain
URL: https://www.flickr.com/photos/147316538@N02/36861702101

○ p.100, Borobudur (Author: Jorge Franganillo)
This image was marked with a CC BY 2.0 license.
URL: https://www.flickr.com/photos/franganillo/49810849047

○ p.102, Angkor Wat (Author: Arian Zwegers)
This image was marked with a CC BY 2.0 license.
URL: https://www.flickr.com/photos/27983255@N00/4309252374

○ p.117, Palais de Versailles (Author: Eric Pouhier)
This file is licensed under the Creative Commons Attribution-Share Alike 2.5 Generic license.
URL: https://commons.wikimedia.org/wiki/File:Versailles_Palace.jpg

○ p.119, Reggia di Caserta (Author: Butch)
This file is licensed under the Creative Commons Attribution-Share Alike Attribution-Share Alike 4.0 International, 3.0 Unported, 2.5 Generic, 2.0 Generic and 1.0 Generic license.
URL: https://commons.wikimedia.org/wiki/File:Campania_Caserta2_tango7174.jpg

○ p.124, Palácio do Congresso Nacional (Author: Herberts)
This image was marked with a CC BY 2.0 license.
URL: https://www.flickr.com/photos/27983255@N00/4309252374

○ p.124, Brasilia (Author: Cayambe)
This file is licensed under the Creative Commons Attribution-Share Alike 3.0 Unported license.
URL: https://commons.wikimedia.org/wiki/File:Brasilia_Eixo_Monumental_July_2009.jpg

○ p.129, Aerial Footage of Buildings
Photo by Andres Carrera from Pexels: https://www.pexels.com/photo/aerial-footage-of-buildings-11360331/

参考文献一覧│Reference List

○ 01- 対と軸│Pair and Axis
アンリ ステアリン, 鈴木博之訳『図集世界の建築 下』, 鹿島出版会, pp.330-331, 1979
鈴木嘉編『吉国宝大事典 (5) 建造物』, 講談社, 1985
日本建築学会編『日本建築史圖集』, 彰国社, pp.5-6, 1979

○ 02- 組立式住宅の対称性│Symmetry of Prefabricated Houses
Jean Prouvé, Pierre Jeanneret : Jean Prouvé & Pierre Jeanneret BCC Demountable House, Galerie Patrick Seguin, 2015

○ 03- 対称の象徴性│Symbolic Symmetry
新建築 1971 年 1 月号
篠原一男住宅図面編集委員会編『篠原一男　住宅図面』, 彰国社, pp.058-061, 2007
新建築 1979 年 2 月号, pp.208-214, pp.222-224
坂本一成, 長島明夫編『建築家・坂本一成の世界』, LIXIL 出版, pp.72-77, 2016

○ 04- ファサードの対称軸│Symmetry Axis of Façade
櫻井義夫『建築家アドルフ・ロース：理論と実践』, 鹿島出版会, 2024
宮本和義 (写真)・後藤武 (著)『ミュラー邸：1930 プラハ：アドルフ・ロース』, バナブックス, 2008

○ 05-4 面対称 (室内)│4-Sided Symmetry (Interior)
石田優『ヴィトゲンシュタインの建築に関する研究 - ストンボロー邸の二重ドアについて -』, 神戸芸術工科大学 (博士論文), 2016
Saravia Ortiz, G. (2010). Los dos mundos en Casa Malaparte. Dearq, 1(7), pp.96-111. https://doi.org/10.18389/dearq7.2010.10

○ 06-4 面対称 (外観)│4-Sided Symmetry (Appearance)
アンリ ステアリン, 鈴木博之訳『図集世界の建築 上』, 鹿島出版会, pp.194-195, 1979
桐敷真次郎編著『パラーディオ「建築四書」注解』, 中央公論美術出版, 1997
新建築 2012 年 5 月臨時増刊
日本建築学会編『第 3 版 コンパクト建築設計資料集成』, 丸善出版, p.118, 2005

○ 07- ロングハウス│Longhouse
新建築 1972 年 9 月号
新建築住宅特集 2023 年 11 月号, pp.122-129

○ 08- 軸線の先│End of Axis
Le Centre International d'Art et du Paysage de l'île de Vassivière (CIAPV) 提供図面
Aldo Rossi "Centre d'art contemporain de Vassivière en Limousin", Technique et l'architecture(387), pp.102-105, 1990
新建築 1985 年 1 月号

○09- 学校の軸｜Shool Axis
建築家山田守編集委員会編『建築家山田守作品集』, 東海大学出版会, pp.156-169, 2006
Aldo Rossi: Aldo Rossi: Buildings and Projects, Rizzoli, pp. 109-111,1985

○10- 正面性｜Frontality
フレデリック シュワルツ, 三上 祐三訳『母の家 ヴェンチューリのデザインの進化を追跡する』, 鹿島出版会, 1994
Kersten Geers, Jelena Pancevac, Andrea Zanderigo, The Difficult Whole: A Reference Book on Robert Venturi, John Rauch and Denise Scott Brown, Park Books, 2016
Roger H. Clark and Michael Pause , Precedents in Architecture: Analytic Diagrams, Formative Ideas, and Partis, Wiley (Fourth Edition) , 2012

○11- 軸線と対称軸のズレ｜Misalignment between Axis and Symmetry Axis
Michio Kato, "Le Corbusier's Dialectic Development of Images from the Acropolis to Ronchamp", Proceedings of 17th International Conference on Geometry and Graphics, 2016
Johan Otto Von Spreckelsen, La Grande Arche: Otto Von Spreckelsen, Paul Andreu, Hermé, 1997

○12- 消失点｜Vanishing Point
新建築 1978 年 10 月号, pp167-176
篠原一男住宅図面編集委員会編『篠原一男　住宅図面』, 彰国社, pp.90-93, 2007

○13- ファサードの歪み｜Façade Distortion
アンリ ステアリン, 鈴木博之訳『図集世界の建築 下』, 鹿島出版会, p.410, 1979

○14- 王冠型ファサード｜Crowned Façade
桐敷真次郎編著『パラーディオ「建築四書」注解』, 中央公論美術出版, 1997
太田博太郎編『日本建築史基礎資料集成五　仏堂 II』, 中央公論美術出版, 2006
アンリ ステアリン, 鈴木博之訳『図集世界の建築 下』, 鹿島出版会, p.336, 1979

○15- 交差点から見たファサード｜Façade from Intersection
新建築 1985 年 11 月号

○16- 幾何学の挿入｜Geometry Insertion
新建築 2010 年 7 月号, pp.038-059
Mirko Zardini: Gianugo Polesello, architetture 1960-1992, Electa, p.71, 1992

○17- 垂直軸｜Vertical Axis
Bertrand Lemoine: The Eiffel Tower, Taschen, 2021
SOM: Works by Skidmore, Owings & Merrill 2009-2019, pp.18-23, 2021

○18- 双塔｜Twin Towers
Luca Cardani : John Hejduk - Costruire Caratteri / Building Characters, LetteraVentidue, pp.298-303, 2024

○19- 劇場の軸線｜Theater Axis
アンリ ステアリン, 鈴木博之訳『図集世界の建築 上』, 鹿島出版会, pp.82-83, 1979
日本建築学会編『コンパクト設計資料集成第 3 版』, 丸善出版, p.15, 2005
アンリ ステアリン, 鈴木博之訳『図集世界の建築 上』, 鹿島出版会, pp.198-199, 1979

○20- 視覚の軸｜Axis of Vision
アンリ ステアリン, 鈴木博之訳『図集世界の建築 下』, 鹿島出版会, p.332, 1979
鈴木嘉編『吉国宝大事典 (5) 建造物』, 講談社, 1985
丹下健三, 藤森照信:『丹下健三』, 新建築社, pp.144-163, 2002

○21- 軸線の虚実｜Literal and Phenomenal Axes
丹下健三, 藤森照信『丹下健三』, 新建築社, pp.333-335, 2002
アンリ ステアリン, 鈴木博之訳『図集世界の建築 下』, 鹿島出版会, p.473, 1979
新建築 2020 年 3 月号, 新建築社, pp.102-104, 2020

○22- 空間軸｜Spatial Axes
沖ノ島研究　第 1 号,「宗像・沖ノ島と関連遺産群」世界遺産推進会議, 2015

○23- 寺院遺跡の形式｜Forms of Temple Ruins
アンリ ステアリン, 鈴木博之訳『図集世界の建築 下』, 鹿島出版会, pp.300-303, p.307, 1979
Guy Nafilyan, Alex Turletti, Mey Than, Dy Proeung and Vong Von : Angkor Vat description graphique du temple, Paris École française d'Extrême-Orient, A. Maisonneuve, 1969

○24- 階段による参道軸｜Axis of Approach by Stairs
新建築 2017 年 9 月号, pp.064-073

○25- 太陽軸｜Axes for Solstice and Equinox
中外出版株式会社 [編]『建築』(131), 中外出版, p. 21, 1971-08. 国立国会図書館デジタルコレクション https://dl.ndl.go.jp/pid/2299575
新建築 2017 年 12 月号

○26- スカイラインの対称性｜Skyline Symmetry
Wikimedia Commons, River City 21 in Chuo-ku, Tokyo, Japan, https://commons.wikimedia.org/wiki/File:Sumida_river05s3200.jpg

○27- 宮殿と庭園の軸｜Axis of Palace and Garden
アンリ ステアリン, 鈴木博之訳『図集世界の建築 上』, 鹿島出版会, pp.218-219, 1979

○28- パリの都市軸｜Urban Axis of Paris
Benoit Jallon et Umberto Napolitano, Franck Boutté : Paris Haussmann Modèle de ville, Co-édité par le Pavillon de l'Arsenal, Paris, p.68, pp.88-89, 2017

○29- 都市計画の軸｜Axis of Urban Planning
中岡義介, 川西尋子『首都ブラジリア: モデルニズモ都市の誕生』, 鹿島出版会, 2014
丹下健三, 藤森照信『丹下健三』, 新建築社, pp.342-369, 2002

写真撮影者｜**Photographer**

○岩岡竜夫 (p.004, p.017, p.054, p.070, p.071, p.075, p.081, p.095, p.097, p.123, p.128)
○片桐悠自 (p.041, p.042, p.046, p.090, p.129)
○竹内宏俊 (p.067)

著者｜**Author**

○岩岡竜夫 (pp.016-019, pp.052-063, pp.068-071, pp.104-107, pp.112-123)
○岩下泰三 (pp.008-015, pp.021-023, pp.088-095)
○片桐悠自 (p.005, pp.024-047, pp.050-051, pp.064-067, pp.072-075, pp.108-111, pp.128-131)
○竹内宏俊 (Editing & pp.048-049, pp.076-087, pp.096-097, pp.100-103, pp.124-127)
○十亀昭人 (Editing Support & pp.098-099)

著者：図研究会

岩岡 竜夫
1990　東京工業大学大学院博士課程修了
現　在　東京理科大学創域理工学部教授

岩下 泰三
1984　武蔵野美術大学大学院修士課程修了
現　在　有限会社スペースラボ代表

竹内 宏俊
2005　東海大学大学院工学研究科博士課程修了
現　在　日本工業大学建築学部准教授

片桐 悠自
2017　東京大学大学院博士課程修了
現　在　東京都市大学建築都市デザイン学部講師

十亀 昭人
2000　東京工業大学大学院博士課程修了
現　在　東海大学建築都市学部教授

図6・建築と都市の軸・対称
2025年3月27日　第1版第1刷発行

著　者　図研究会（代表　岩岡竜夫）
発行者　原田邦彦
発行所　東海教育研究所
　　　　〒160-0022　東京都新宿区新宿1-9-5　新宿御苑さくらビル4F
　　　　電話 03-6380-0490（代表）　03-6380-0494（営業）
　　　　URL　https://books.tokaiedu.co.jp/
印刷所　港北メディアサービス株式会社
製本所　誠製本株式会社

©Group Z, 2025　　　　　　　　　ISBN978-4-924523-51-7

JCOPY 〈出版者著作権管理機構 委託出版物〉
本書（誌）の無断複製は著作権法上での例外を除き禁じられています。複製される場合は、そのつど
事前に、出版者著作権管理機構（電話03-3513-6969,FAX 03-3513-6979,e-mail: info@jcopy.or.jp）
の許諾を得てください.

制作協力

板橋颯・井上桃香・今泉愛梨・上野辰太朗・奥島
千晶・柏﨑健汰・桑原崇・小出晃久・斎木玲旺・
佐伯達也・関根圭佑・瀬戸口尊・館洞遼人・長谷
川蓮・前澤颯飛・牧野航太・松林史遠・向井晴香・
劉子洋